reli plus 3

Evangelische Religion

Herausgegeben von
Matthias Hahn
Andrea Schulte

Erarbeitet von
Uwe Böhm
Stefanie Pfister
Jörg Popke
Annike Reiß
Andreas Ziemer
Ruth Ziemer
Gerhard Ziener

Ernst Klett Verlag
Stuttgart · Leipzig

Inhaltsverzeichnis

Inhaltsverzeichnis

Vorwort

Liebe Schülerin, lieber Schüler,

du hast reli plus 9/10 aufgeschlagen. Dieses Buch soll die Grundlage für einen interessanten und lebendigen Religionsunterricht bilden: Spannende Geschichten, abwechslungsreiche Informationen sowie ungewöhnliche Fotos und Abbildungen machen mit unterschiedlichen Sichtweisen auf unterschiedliche Themen vertraut. Wir wollen euch mit diesem Buch Religion aufschließen. Wir möchten euch zeigen, dass Religion nicht nur etwas für ältere Leute ist, sondern dass Religion Fragen stellt, die auch eure sein können oder sogar sind.

Es gibt Neues über die Menschen zu lernen und über Gott, über die Bibel und die Kirche, über die Gerechtigkeit, über Werte und die Zukunft, über Jesus Christus und über die Religionen weltweit.

Jedes Kapitel beginnt mit einer Auftaktdoppelseite und drei „großen Fragen". Am Ende der Kapitel könnt ihr überprüfen, ob sich eure ersten Antworten auf diese Fragen verändert haben. Das Buch heißt reli plus, weil wir Bilder, Texte und Aufgaben so gestaltet haben, dass ihr und eure Lehrer und Lehrerinnen zwischen ihnen wählen sollt. Wenn euch ein Thema gefällt, könnt ihr euch intensiver damit beschäftigen. Das Thema plus noch einige Ideen, so könnte man sagen. Das sind oft Ideen, die ihr selbstständig umsetzen könnt, große Ideen, die eure Fantasie herausfordern. Außerdem könnt ihr in einem „Check up" lesen, was ihr nach einem Kapitel wissen und können sollt. Einige Begriffe tauchen im Reli-Lexikon am Ende des Buches auf und werden dort erklärt.

Wer will, kann uns gerne ihre oder seine Meinung zum Buch schreiben.
Wir würden uns darüber freuen.

Viel Spaß mit reli plus!

Euer reli plus-Team

So arbeitest du mit reli plus

Hier erfährst du alles darüber, wie das Buch aufgebaut ist und welche Elemente dir dabei helfen, die Texte und Materialien zu verstehen.
Das Buch hat 15 Kapitel und einen Anhang. Jedes der 15 Kapitel ist gleich aufgebaut: Es gibt eine **Auftakt-Doppelseite**, unterschiedlich viele **Kapitelseiten**, eine **Plus-Seite** und eine **Check-up-Seite**.

Auf der **Auftakt-Doppelseite** findest du immer drei Fragen. Zu den meisten dieser Fragen wirst du eine Ansicht oder eine Vermutung haben.

Es lohnt sich, die Fragen und die Bilder in Beziehung zu setzen und sich zu merken, was man am Anfang gedacht hat.

Kapitelnummer
Hier siehst du, in welchem Kapitel du dich befindest.

Hier werden dir noch einmal wichtige **Informationen** zu bestimmten Begriffen gegeben.

Aufgaben
Die Aufgaben befinden sich immer unten auf der Seite im blauen Balken.

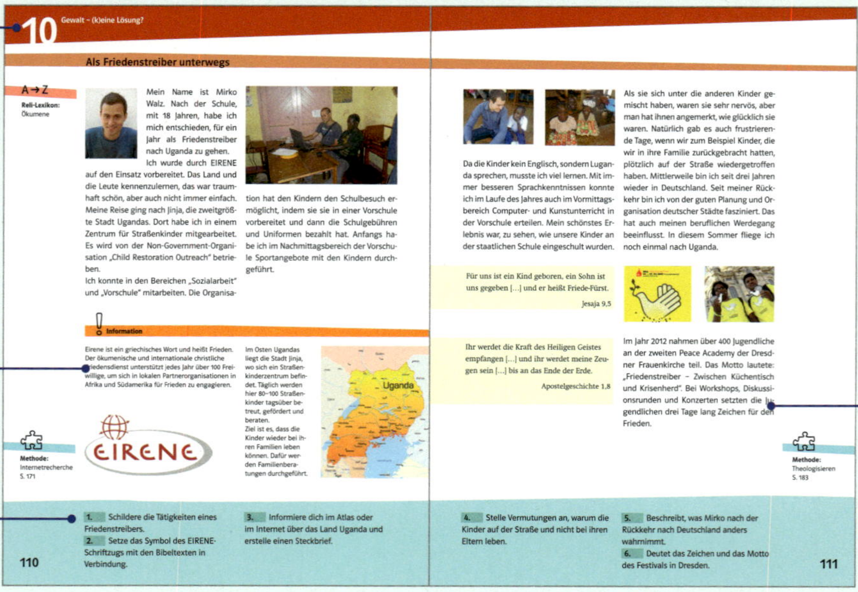

Bibeltexte findest du in den gelben Kästen.

Auf den **Plus-Seiten** stehen Aufgaben für Expertinnen und Experten.

Auf den **Check-up-Seiten** schaut ihr auf das Kapitel und euren Lernweg zurück. Hier steht auch, was ihr nun können und wissen sollt. Und ihr findet eine Idee, die Fantasie und Kreativität herausfordert.

Nach den Kapiteln folgen **Methodenseiten**. Wenn ihr nicht genau wisst, wie einzelne Aufgaben bearbeitet werden sollen, könnt ihr hier nachschauen.

In einem **Reli-Lexikon** haben wir wichtige Begriffe kurz erklärt, gewissermaßen die Vokabeln für Religion.

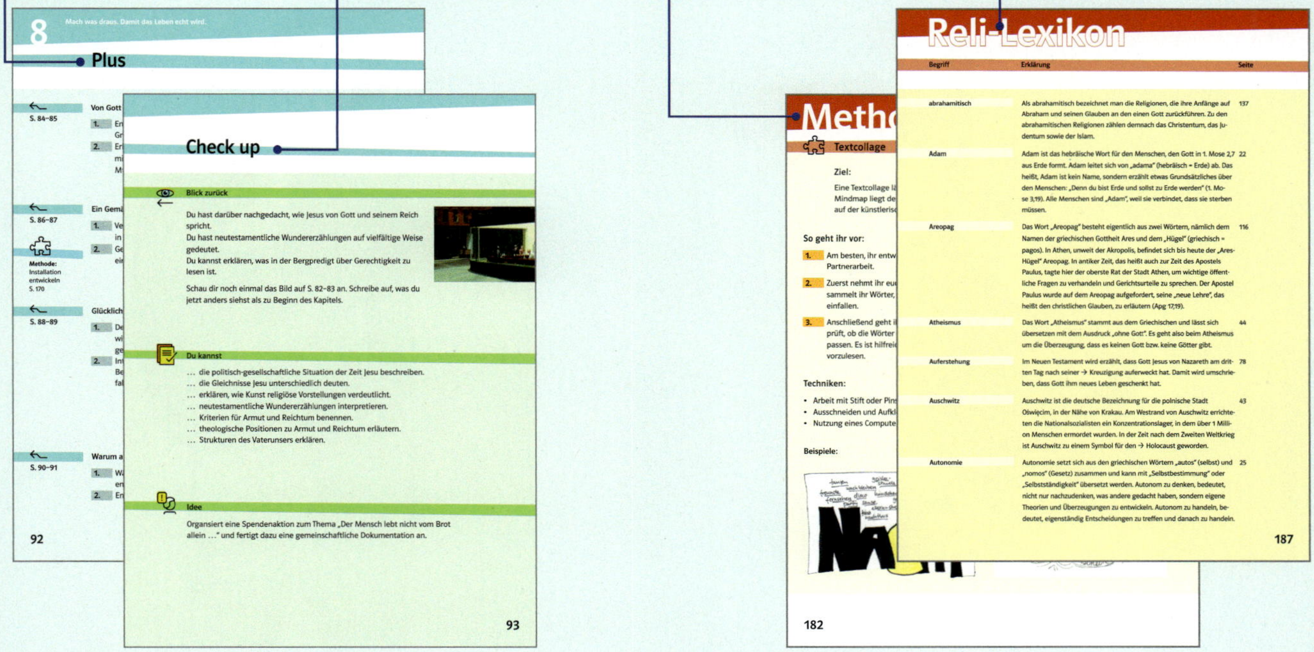

Symbole im Buch

Aufgaben	Verweise auf	Symbole auf den Sonderseiten
Gruppenarbeit	… vorherige oder nachfolgende Seiten oder Kapitel	Verweis auf die entsprechende Doppelseite im Kapitel
Partnerarbeit	A → Z … Begriffe im Reli-Lexikon	Blick zurück
Wahlaufgaben	… Methoden (zusammengefasst am Ende des Buchs)	Du kannst
		Idee

Wer neugierig ist, sollte irgendeine Buchseite aufschlagen und zu lesen beginnen.

1 Frei sein müssen

Fotos: Herlinde Koelbl/Agentur Focus. Aus dem Buch „Kleider machen Leute“ (Hatje Cantz Verlag)

Was will ich mit meinem Leben?

Wie frei bin ich eigentlich?

Wie kann Plan B für mein Leben aussehen?

Als ob das so einfach ist ...

Die unbeliebteste Frage

Es ist der Abend vor dem 1. Advent. Die meisten Leute gehen hektisch an den Weihnachtsmarktbuden vorbei. Es riecht verführerisch nach Quarkbällchen und Pizza. Alina und Pepe dürfen jetzt nicht schwach werden. Schließlich gibt es gleich das traditionelle Familien-Buffet bei Onkel Steffen. Die beiden freuen sich schon auf ihre Cousinen und Cousins.

Fast alle anderen sind schon da, als Alina und Pepe eintreffen. Es gibt ein allgemeines „Hallo" und die üblichen Begrüßungsrituale. Tante Katja tut so was von erstaunt, weil Pepe einen Kopf größer ist als sie.

Alina verschwindet sofort mit Bekki und den anderen. Pepe steht mit Pawel und Dmitri in Reichweite des Buffets, das noch nicht eröffnet ist.

Zu nah in Reichweite – auch für Onkel Steffen. Denn jetzt kommt wieder die unvermeidliche Frage:

„Sag mal, Pepe, was willst du eigentlich nach der Schule machen? Schon irgend'ne Idee?"

Oma kommt dazu: „Es gibt doch heute so viele Möglichkeiten."

Pepe hasst dieses Thema. Früher waren die Erwachsenen froh, wenn sie ihre Ruhe vor den Kids hatten und quatschen konnten. Und jetzt interessieren sie sich auf einmal für seine Zukunft. Von wegen viele Möglichkeiten – vielleicht für die mit dem Superzeugnis. Seine Freunde gehen definitiv weg, das weiß er schon. Ihm ist klar, dass er für sich noch viel klären muss. „Kann man hier nicht mal entspannt feiern? Frag doch mal die andren", sagt er genervt.

Pawel stimmt ihm zu: „Ihr habt keine Ahnung, wie schwer es ist, 'ne Ausbildung zu finden, die man wirklich machen möchte!" Dmitri meint: „Ich mach' zur Sicherheit noch 'n bisschen länger Schule."

Da schlendern die Mädchen rein. „Und, was macht ihr nach der Schule?", fragt Oma. Bekki erzählt sofort von ihrer tollen Mappe mit ihren Design-Entwürfen und dass sie nächste Woche ein Bewerbungsgespräch hat. Alina verschwindet zur Toilette, bevor Oma ihr noch mal die unbeliebte Frage stellen kann.

Methode:
Rollenspiel
S. 178

1. Beschreibe die Reaktionen der Jugendlichen auf die Frage nach der beruflichen Zukunft und suche nach Ursachen für die Unbeliebtheit dieser Frage.

2. Führt in Kleingruppen vergleichbare Szenen aus eurem Leben als Rollenspiele auf oder dreht kurze Videoclips.

Und des Herrn Wort geschah zu mir:

Ich kannte dich, ehe ich dich im Mutterleibe bereitete, und sonderte dich aus, ehe du von der Mutter geboren wurdest, und bestellte dich zum Propheten für die Völker. Ich aber sprach: Ach, Herr, **ich tauge nicht** zu predigen; **denn ich bin zu jung.** Der Herr sprach aber zu mir: Sage nicht: „Ich bin zu jung", sondern **du sollst gehen, wohin ich dich sende**, und predigen alles, was ich dir gebiete. **Fürchte dich nicht vor ihnen; denn ich bin bei dir** und will dich erretten, spricht der Herr. Und der Herr streckte seine Hand aus und rührte meinen Mund an und sprach zu mir: Siehe, ich lege meine Worte in deinen Mund.

Jeremia 1,4–9

A → Z

Reli-Lexikon:
Jeremia
Propheten

Methode:
Textcollage
S. 182

3. Gestalte eine Textcollage mit den Stimmen der Personen, die dir sagen, was für dich richtig ist.

4. Kommentiere deine Textcollage mit Gefühl und Vernunft.

5. Finde Worte für Jeremias Bauchgefühl und das, was Gott ihm als Zuspruch sagt.

6. Formuliere eine Antwort Jeremias auf die Worte Gottes.

Da hast du sie, die große Freiheit!

„Ein Christenmensch ist ein freier Herr und niemandem untertan."

A → Z

Reli-Lexikon:
Freiheit nach Luther
Streetart

Banksy

Methode:
Bildbeschreibung S. 165
Plakat erstellen S. 175
Pecha Kucha S. 174
Installation entwickeln S. 170

„Ein Christenmensch ist ein dienstbarer Knecht und jedermann untertan."

Martin Luther: „Von der Freiheit eines Christenmenschen" (1520)

1. Beschreibe und deute das Foto des Streetart-Künstlers Banksy.

2. Entwickle zu den Lutherthesen ein Plakat, eine Pecha Kucha oder eine Installation. Achte darauf, beide Perspektiven auf den Menschen einzubeziehen.

3. Vergleiche deine Gestaltung mit dem Foto des Streetart-Künstlers.

Aus einem Interview der „Fluter“-Journalistin Nina Salzer mit der Berufsberaterin Uta Glaubitz:

Fluter: Wie finde ich heraus, was ich nach der Schule mit mir anfangen soll?
Glaubitz: Das Wichtigste ist, deine Fragen wirklich ernst zu nehmen: Was ist mir wichtig? Wofür stehe ich freiwillig morgens früh auf? Was mache ich in meiner Freizeit? Was motiviert mich? ... Nachdem du dich gefragt hast, was du mit deinem Leben machen willst, ergibt sich die Antwort darauf, was du unternehmen musst, um dahin zu kommen.

Fluter: Aber wenn ich mich so zeitig auf ein Berufsziel festlege, kann ich doch nur das aussuchen, was ich bis dahin schon kenne und mir bis dahin zutraue?
Glaubitz: Aus meiner Erfahrung ist das anders. Wenn du dir überlegst, was du mit deinem Leben machen willst, dann gehört dazu Fantasie. Du kannst dir von überall Inspiration holen: im Bekanntenkreis, in der Zeitung, auch im Fernsehen. Es geht natürlich bei dieser Überlegung darum zu sagen: „Ich gehe ein bisschen aus meiner sozialen Prägung heraus, öffne meinen Horizont und lerne, mir mehr zuzutrauen.“ Das ist sogar sehr wichtig. Die Basis von allem Erfolg ist immer das eigene Selbstvertrauen und Mut.

Fluter: Ich kann mir also einfach völlig frei überlegen, was ich werden will: Hmm, ich wollte schon immer mal ...
Glaubitz: Moment, du musst schon darauf achten, dass der Wunsch nicht völlig aufgeblasen ist, sodass du nur einmal mit der Nadel reinstichst und dann ist er weg.

Fluter: Wenn ich mich nun aber doch geirrt habe und gerne umsteigen möchte ...
Glaubitz: Schwierig ist dieses ständige „Hin-und-her-Schlingern“ zwischen allen möglichen Möglichkeiten. Wenn du aber voll davon überzeugt bist, dann ist das gut. Es gibt genügend Beispiele, wo Quereinsteiger sehr erfolgreich sind.

Fluter: Wenn wir sagen, jeder muss sich vor allem an dem orientieren, was er am liebsten mag, hätten wir dann eine Gesellschaft voller Popstars?
Glaubitz: Wir haben die Freiheit, Sänger oder Banker, Tänzer oder Apotheker, Dachdecker oder Kostümbildner zu werden. Ich glaube, dass diese Frage zum Menschsein dazugehört.

4. Formuliere sieben Tipps von Uta Glaubitz für Jugendliche auf der Suche nach dem richtigen Beruf.

5. Beantwortet die vier Fragen aus dem ersten Interview-Abschnitt und besprecht in Partnerarbeit, welche Berufsperspektiven sie eröffnen.

6. Vergleiche das Freiheitsverständnis Martin Luthers mit dem Freiheitsverständnis von Uta Glaubitz.

Wer weiß, wofür es gut ist?

Glück oder Unglück

War ein Bäuerlein,
hatte nur ein Pferd.
Lief das Pferd davon
und ist nicht heimgekehrt.
Kamen alle Nachbarn an,
klagten laut: Du armer Mann!
So ein Unglück! So ein Unglück!
So ein Unglück, nein!
Doch das Bäuerlein sprach leis:
Ob`s ein Unglück ist, wer weiß?
Morgen bin ich schlauer!

Als das Pferd tags drauf
durch das Hoftor schritt,
brachte es dem Bäuerlein
noch ein Wildpferd mit.
Kamen alle Nachbarn an,
freuten sich: Du guter Mann!
So ein Glück, hej! So ein Glück, hej!
So ein Glück, hej, hej!
Doch das Bäuerlein sprach leis:
Ob`s ein Glück ist, nun, wer weiß?
Morgen bin ich schlauer!

Und des Bauern Sohn
ritt das Wildpferd ein.
Stürzte von dem Pferd
und brach sich ein Bein.
Kamen alle Nachbarn an,
klagten laut: Du armer Mann!
So ein Unglück! So ein Unglück!
So ein Unglück, nein!
Doch das Bäuerlein sprach leis:
Ob`s ein Unglück ist, wer weiß?
Morgen bin ich schlauer!

Als ein Krieg im Land ausbrach,
zog man die Burschen ein.
Nur des Bauern Jungen nicht
mit dem gebrochnen Bein.
Kamen alle Nachbarn an,
freuten sich: Du guter Mann!
So ein Glück, hej! So ein Glück, hej!
So ein Glück, hej, hej!
Doch das Bäuerlein sprach leis:
Ob's ein Glück ist, nun, wer weiß?
Morgen bin ich schlauer!

Gerhard Schöne

1. Beschreibe die Lebenseinstellung des Bauern und erfinde eine weitere Strophe.

2. Reflektiere die Bauernschläue kritisch.

3. Entwickle konkrete Fantasien für einen Plan B, indem du die „Wenn …"-Sätze der Grafik mit „… dann"-Sätzen fortführst.

Und Gott schuf den Menschen zu seinem Bilde, zum Bilde Gottes schuf er ihn und schuf sie als Mann und Frau.
Und Gott segnete sie und sprach zu ihnen: Seid fruchtbar und mehret euch und füllet die Erde und machet sie euch untertan.

1. Mose 1,27-28a

Und Gott ließ Mann und Frau entstehen aus seiner Kreativität.
Sein Ebenbild.
Ein Gegenüber auf Augenhöhe.
Mit seinem Segen ließ er ihr Vertrauen wachsen.
Und er schickte sie auf den Weg, sich selbst und Gott zu finden in den Aufgaben, die sie für sich erkennen.

Da wies ihn Gott der Herr aus dem Garten Eden, dass er die Erde bebaute, von der er genommen war.

1. Mose 3,23

Gott warf die Menschen aus dem Paradies in die Freiheit.

Und Gott segnete den siebenten Tag und heiligte ihn, weil er an ihm ruhte von allen seinen Werken.

1. Mose 2,3a

Und er schenkte ihnen die Unterbrechung von ihrer Arbeit, um sich zu erinnern, zu fragen und zu verstehen.

Eine moderne Auslegung

Methode:
Verfremdung
S. 185

4. Schreibe auf, was Selbstverwirklichung für dich bedeutet.

5. Untersuche die Verse aus 1. Mose 1–3 und die moderne Auslegung auf ihre Aussagen zur Selbstverwirklichung.

6. Gestalte ein Selbstbildnis mit einem Kaleidoskop deiner Zukunft. Nutze die Methode der Verfremdung.

Plus

S. 10–11

Als ob das so einfach ist ...

1. Erstelle eine Liste mit deinen zehn unbeliebtesten Fragen und begründe ihren Platz auf der Liste.
2. Erzähle eine Fortsetzung der Geschichte „Die unbeliebteste Frage" aus der Perspektive Alinas.
3. a) Notiere Pro- und Kontra-Argumente zu Omas Kommentar „Es gibt doch heute so viele Möglichkeiten".
   b) Versetze dich in Omas Perspektive und beschreibe die Veränderungen von „heute" im Gegensatz zu „früher".

Banksy

S. 12–13

Da hast du sie, die große Freiheit!

Methode: Internetrecherche S. 171

1. Interpretiere das Streetart-Foto.
2. Setze deine Deutung zur Überschrift „Da hast du sie, die große Freiheit" in Beziehung.
3. Recherchiere im Internet über den Streetart-Künstler Banksy.
4. Formuliere dein eigenes Freiheitsverständnis.

S. 14–15

Wer weiß, wofür es gut ist?

1. Vergleiche die 5. Strophe des Liedes „Glück oder Unglück" mit deiner selbstformulierten Strophe (S. 14, Aufgabe 1).
2. Arbeite die Bedeutung der 5. Strophe für einen „Plan B" heraus.
3. Reflektiere schriftlich, ob man im Bewusstsein des Todes anders lebt.

Glück oder Unglück, Strophe 5

Dein Verhängnis ist
doch vielleicht dein Glück?
Und dein Hauptgewinn
bricht dir das Genick?
Sei heut' zufrieden, dass du lebst
und noch einen Finger hebst.
Morgen oder übermorgen
oder überübermorgen kommt ...
der Tod.

Gerhard Schöne

Check up

Blick zurück

Du hast die Erwartungen anderer an deine Zukunftsgestaltung und deine eigenen Vorstellungen in den Blick genommen.
Du hast dich mit unterschiedlichen Freiheitsvorstellungen auseinandergesetzt und sie hinsichtlich ihrer Bedeutung für deine Zukunft untersucht.
Du hast Perspektiven für einen „Plan B" reflektiert.

Betrachte noch einmal das Bild und die Fragen auf S. 8–9.
Schreibe auf, was du jetzt anders siehst als zu Beginn des Kapitels.

Du kannst

… die Erwartungen anderer und deine eigenen Gedanken und Gefühle im Blick auf deine Zukunft beschreiben.
… Reaktionen von Jugendlichen auf die Frage nach ihrer beruflichen Zukunft mit Jeremias Berufungsvision vergleichen.
… Gottes Zuspruch an Jeremia wiedergeben.
… Martin Luthers Freiheitsthesen erläutern und auf dem Hintergrund eines Bildes deuten.
… Tipps einer Berufsberaterin nennen und auf eigene Berufsperspektiven untersuchen.
… Luthers Freiheitsverständnis mit anderen Freiheitsverständnissen vergleichen.
… Umgangsmöglichkeiten mit der Situation entwickeln, dass das Leben nicht nach Plan läuft.
… den Begriff „Selbstverwirklichung" reflektieren.
… Bedeutungen des Schöpfungstextes aus 1. Mose 1–3 erörtern.
… ein Selbstbildnis gestalten.

A → Z

Reli-Lexikon:
Johannes Calvin

Idee

Erarbeitet euch Johannes Calvins Satz „Gott hat den Menschen reich gemacht, bevor er geboren wurde" mithilfe der Methode „Schreibgespräch".
Wählt einen Satz aus eurem Schreibgespräch aus, um ihn bildlich zu gestalten. Fotografiert Motive, die die Bedeutung eures Satzes anschaulich werden lassen. Entscheidet euch für eine geeignete Form der Präsentation.

Methode:
Schreibgespräch
S. 179

2 Beziehungen eingehen

Wie fühlt sich allein sein an?

Was erzählt die Schöpfungsgeschichte über das Erwachsenwerden?

Was bedeutet, den anderen zu lieben und zu achten?

„Es ist nicht gut, dass der Mensch allein sei“

1. Mose 2,18a

Und Gott der HERR sprach: Es ist nicht gut, dass der Mensch allein sei; ich will ihm eine Hilfe machen, die um ihn sei. Und Gott der HERR machte aus Erde alle die Tiere auf dem Felde und alle die Vögel unter dem Himmel und brachte sie zu dem Menschen, dass er sähe, wie er sie nennt […]. Und der Mensch gab einem jeden Vieh und Vogel unter dem Himmel und Tier auf dem Felde seinen Namen; aber für den Menschen ward keine Hilfe gefunden, die um ihn wäre.

1. Mose 2,18–20

Silvia, 16 Jahre: „Es ist nicht gut, dass der Mensch allein sei?“
Wie sich allein sein anfühlt, das weiß ich erst, seit ich nicht mehr mit Jonas zusammen bin. Ich fühle mich einsam, weil ich ihn vermisse. Ich spüre diese Einsamkeit in jedem Winkel meines Körpers. Die Einsamkeit gibt mir das Gefühl, alles Glück der Welt geht an mir vorbei. Zum Glück hab' ich Sophia zum Reden. Sonst würd' ich das überhaupt nicht aushalten.
Als Kind hab' ich gar nicht gewusst, was Einsamkeit eigentlich ist. Ich war mal traurig, mal wütend – aber einsam?

Carla, 17 Jahre: „Es ist nicht gut, dass der Mensch allein sei?“
Single sein heißt doch nicht, dass ich einsam vertrockne. Ich will rauskriegen, wie sich das Leben so anfühlt. Ich zieh' schließlich nicht weg von zu Hause, um sofort in der nächsten Familie zu landen. Ich möchte wissen, wie ich auf Leute wirke, die mich noch nicht so lange kennen.
Am liebsten würd' ich in eine WG ziehen, mein Zimmer so einrichten, wie es mir gefällt, in der Küche mit den anderen die Zeit vergessen und nicht immer gleich alles aufräumen müssen.

A → Z

Reli-Lexikon:
Patriarchale Strukturen in der Bibel

Methode:
Dialog schreiben
S. 167

1. Lies Carlas und Silvias Kommentare zum Bibeltext und vergleiche ihr Lebensgefühl.

2. Schreibe einen eigenen Kommentar zu 1. Mose 2,18–20.

3. Gib der Frau auf dem Foto einen Namen und entwickle einen Dialog zwischen ihr und Silvia.

Theo, 17 Jahre: „Es ist nicht gut, dass der Mensch allein sei?“

Wieso soll ich mich allein fühlen, wenn ich meine Brüder um mich hab’? Ich mein’ jetzt nicht irgendwelche Verwandten, sondern meine Freunde: Jungs, Männer, die denken wie ich. Wir sind wie ´ne Familie, die da ist, wenn man sie braucht.

Bei Frauen weiß man nie, wie was ankommt. Den Brüdern hier muss ich nicht groß was erklären. Da schreibt niemand dem andern vor, wie man zu reden hat oder was man tun soll.

Markus, 18 Jahre: „Es ist nicht gut, dass der Mensch allein sei?“

Zum Glück hab ich in der Nähe einen Job gefunden. Es ist zwar nervig, wenn meine Mama mich beim Abendbrot wie früher fragt: Markus, erzähl doch mal: Wie war dein Tag? Dafür kann ich mich an den gedeckten Tisch setzen – das ist auch was wert. Und ich kann mich nach wie vor mit meinen Freunden treffen.

Alles schön und gut – trotzdem ist es nur für den Übergang. Ich spüre, dass mir was fehlt. Natürlich wünsche ich mir eine Frau an meiner Seite, eine eigene Wohnung, Kinder.

Miniatur Wunderland Hamburg: hafencity-fischland

Verweis:
Man sieht sich. Vom Weggehen und Wiederkommen Jesu.
▸ Kapitel 7

A → Z

Reli-Lexikon:
Einsamkeit

4. Deute die Motive des Fotos aus der Perspektive der Figuren und des Betrachters.

5. Erkläre den Unterschied zwischen sozialer und emotionaler Einsamkeit (siehe Reli-Lexikon) am Beispiel der Situationen von Theo und Markus.

6. Lies Theos und Markus‘ Kommentare zum Bibeltext und schreibe deinen eigenen Kommentar dazu.

„Da wurden ihnen beiden die Augen aufgetan“

1. Mose 3,7a

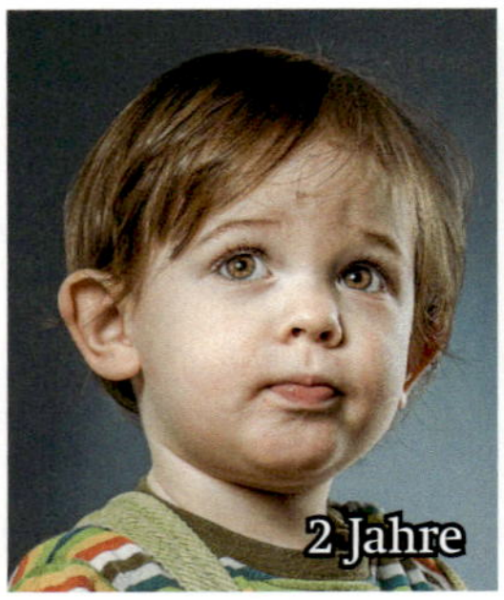

A → Z

Reli-Lexikon:
Adam
Patriarchale Strukturen in der Bibel

Methode:
Theologisieren
S. 183

Pauline: Weißt du noch, wie wir früher immer darauf gewartet haben, dass es im Sommer heiß genug wird, damit der Rasensprenger angestellt wird?

Sophie: … und dann sind wir nackt draußen rumgehüpft und haben uns nichts dabei gedacht.

Pauline: Manchmal bin ich traurig, dass die Zeit vorbei ist.

Sophie: … und dass man nicht mehr zurück kann ins Paradies der Kindheit …

Pauline: … wie bei Adam und Eva.

Sophie: Wart mal, … du meinst, die Geschichte erzählt eigentlich vom Erwachsenwerden?

Pauline: Als sie vom Baum der Erkenntnis gegessen hatten, erkannten sie, dass sie nackt waren.

Sophie: … Er starrt mit einem Mal auf ihre Brüste und kriegt nicht mit, was sie ihm eigentlich sagen will?

Pauline: Und sie traut sich gar nicht mehr, ihn anzuschauen.

Sophie: Mit einem Mal ist der Garten kein Spielplatz mehr …

Pauline: … sondern ein geeignetes Grundstück, um eine Familie zu gründen.

Sophie: Und dann kann es auch nicht so weitergehen, dass Gott alles für sie macht.

Pauline: Mit der Schwangerschaft muss Eva erst mal klarkommen und die Geburt muss sie auch allein durchstehen.

Sophie: Aber Gott macht ihnen Kleidung und sorgt für sie.

Pauline: Und Adam will was für die Familie tun und arbeitet nur noch …

Sophie: Das sind ja voll die Rollenklischees.

Pauline: Du meinst, die typischen Vorstellungen von Mann und Frau kommen aus der Bibel?

1. Theologisiert über die sich verändernde Wahrnehmung der Welt in den Blicken der Kinder und Jugendlichen.

2. Erkläre, inwiefern die Geschichte von Adam und Eva als eine Geschichte des Erwachsenwerdens verstanden werden kann.

3. Beantworte Paulines letzte Frage mithilfe der Informationen des Reli-Lexikons.

Jakob: Adam und Eva wurden die Augen aufgetan … und sie merkten, dass es einen Unterschied zwischen Mädchen und Jungs gibt.
Max: … und dass dieser Unterschied etwas mit ihnen macht, das neu ist.
Jakob: D.h., die Geschichte erzählt von dem Moment, an dem man sich zum ersten Mal als Mann oder Frau fühlt und merkt, zu welchem Geschlecht es einen hinzieht?
Max: Coming out?
Jakob: Ich glaub', die Geschichte von Adam und Eva erzählt nicht von Schwulen und Lesben.
Georg: Eher nicht. In der Zeit der Bibel war Homosexualität noch nicht akzeptiert. Aber im 1. Buch Samuel wird erzählt, dass David und Jonathan einander von Herzen lieb gewonnen haben. Und für Jesus kommt es darauf an, dass man füreinander da ist. Liebe ist nicht nur Sex, sondern zeigt sich in der Art, wie man miteinander umgeht.
Max: Machst du noch was anderes als Bibellesen?
Georg: Das nervt, ich dachte, du willst es wissen. Ob ´ne Beziehung funktioniert, hängt jedenfalls nicht vom Geschlecht ab.

Und sie waren beide nackt, der Mensch und seine Frau, und schämten sich nicht.

1. Mose 2,25

Und die Frau sah, dass von dem Baum gut zu essen wäre und dass er eine Lust für die Augen wäre und verlockend, weil er klug machte. Und sie nahm von der Frucht und aß und gab ihrem Mann, der bei ihr war, auch davon und er aß.
Da wurden ihnen beiden die Augen aufgetan und sie wurden gewahr, dass sie nackt waren, und flochten Feigenblätter zusammen und machten sich Schurze.

1. Mose 3,6–7

Und Gott der HERR machte Adam und seiner Frau Röcke von Fellen und zog sie ihnen an.

1. Mose 3,21

A → Z

Reli-Lexikon:
Coming out
David
Homosexualität
Sündenfall

Methode:
Pecha Kucha
S. 174

4. Formuliere für die Kinder und Jugendlichen auf den Fotos einen Satz, der ausdrückt, was sie neu entdeckt haben.

5. Fasse die wichtigsten Argumente des Gesprächs in Stichpunkten zusammen.

6. ✿ Gestalte ein Plakat oder eine Pecha Kucha zum Thema „Da wurden ihnen beiden die Augen aufgetan“.

„Wo du hingehst, da will ich auch hingehen“

Ruth 1,16

Fragen und Antworten

Wo sie wohnt?
Im Haus neben der Verzweiflung
Mit wem sie verwandt ist?
Mit dem Tod und der Angst
Wohin sie gehen wird wenn sie geht?
Niemand weiß das
Von wo sie gekommen ist?
Von ganz nahe oder ganz weit
Wie lange sie bleiben wird?
Wenn du Glück hast solange du lebst
Was sie von dir verlangt?
Nichts oder alles
Was soll das heißen?
Dass das ein und dasselbe ist.
Was gibt sie dir
– oder auch mir – dafür?
Genau soviel wie sie nimmt
Sie behält nichts zurück
Hält sie dich – oder mich – gefangen
oder gibt sie uns frei?
Es kann uns geschehen
dass sie uns Freiheit schenkt
Frei sein von ihr
ist das gut oder schlecht?
Es ist das Ärgste
was uns zustoßen kann
Was ist sie eigentlich
und wie kann man sie definieren?
Es heißt dass Gott gesagt hat
dass er sie ist

Erich Fried

Methode: Textcollage S. 182

1. Deutet die Fragen und Antworten Erich Frieds in Partnerarbeit.

2. Schreibe Frieds Fragen ab und formuliere eigene Antworten. Arbeite Begriffe der Textwolken ein.

3. Gestalte mögliche Lebensentwürfe unter dem Leitspruch „Wo du hingehst, da will ich auch hingehen“ in einem Bild oder einer Textcollage.

Trauversprechen

Ich nehme dich als
meine Ehefrau aus Gottes Hand.
Ich will dich **lieben**
und **achten**,
dir vertrauen und treu sein.
Ich will dir helfen
und für dich sorgen.
Ich will dir vergeben,
wie Gott uns vergibt.
Ich will zusammen mit dir Gott und den
Menschen dienen, solange wir leben. Dazu
helfe mir Gott.

Trau-Agende für die Union Ev. Kirchen in der EKD

In der Schwebe

Eben darin besteht ja die Liebe, das Wunderbare an der Liebe, dass sie uns in der Schwebe des Lebendigen hält, in der Bereitschaft, einem Menschen zu folgen in allen seinen möglichen Entfaltungen.

Max Frisch

Gerechtigkeit in der Liebe

Die Gerechtigkeit in der Liebe macht es unmöglich, dass man im Namen der Liebe die Selbstzerstörung des anderen verlangt. Gerechtigkeit schützt (vielmehr) die Unabhängigkeit derer, die in einer Liebesbeziehung stehen.

Paul Tillich

A → Z

Reli-Lexikon:
Autonomie
Trauung

4. Deutet in Partnerarbeit das Trauversprechen „Ich will dich lieben und achten" mithilfe der Textwolken-Begriffe.

5. Überprüfe, inwiefern das Handy als ein Symbol für Autonomie und Angewiesenheit in einer Beziehung verstanden werden kann.

6. Suche einen Song, der Max Frischs oder Paul Tillichs Gedanken unterstützt. Präsentiere ihn in der Reli-Gruppe.

Plus

S. 20–21

Methode:
Innerer Monolog
S. 169

„Es ist nicht gut, dass der Mensch allein sei"

1. Schreibe einen inneren Monolog für eine der Figuren auf den Bildern von S. 18–19 oder 21.

2. Sammle in einer Tabelle Argumente, die für ein Leben als Single, für ein Leben zu zweit und für ein Leben mit Kindern sprechen.

Das spricht für …

… ein Leben als Single	… ein Leben zu zweit	… ein Leben mit Kindern

S. 22–23

„Da wurden ihnen beiden die Augen aufgetan"

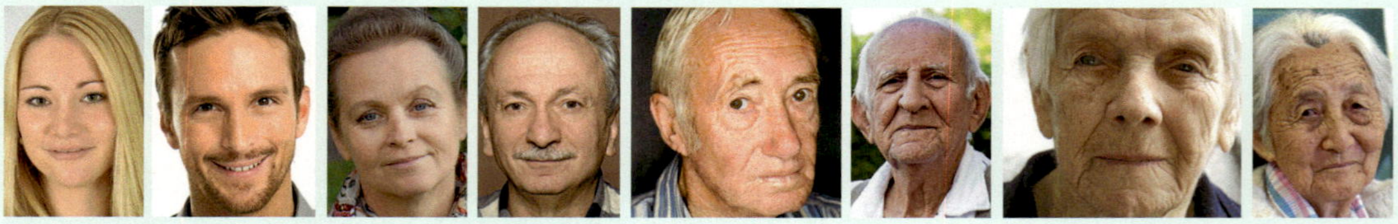

A → Z
Reli-Lexikon:
Trauung (kirchliche)

Methode:
Internetrecherche
S. 171
Theologisieren
S. 183

1. Theologisiert über die sich verändernde Wahrnehmung der Welt in den Blicken der Personen auf den Fotos.

2. a) Recherchiere im Internet über die rechtliche Gleichstellung homosexueller Beziehungen und stelle deine Ergebnisse in der Reli-Gruppe vor.
b) Entwickle Kriterien für eine gute Partnerschaft – unabhängig davon, ob sie homo- oder heterosexuell ist.

S. 24–25

„Wo du hingehst, da will ich auch hingehen"

1. Schreibe mithilfe der Begriffe der Textwolken auf S. 24–25 ein Gedicht.

2. Entwickle Argumente, die für eine kirchliche Trauung sprechen. Beziehe auch die Informationen des Reli-Lexikons in deine Überlegungen ein.

Check up

Blick zurück

Du hast dich damit auseinandergesetzt, wie sich Alleinsein anfühlt.
Du hast Interpretationen der Schöpfungsgeschichte kennengelernt.
Du hast darüber nachgedacht, was es bedeutet, den anderen zu lieben und zu achten.

Betrachte noch einmal das Bild und die Fragen auf S. 18–19.
Schreibe auf, was du jetzt anders siehst als zu Beginn des Kapitels.

Du kannst

... unterschiedliche Single-Lebensformen beschreiben.
... dich in einsame Menschen einfühlen.
... den biblischen Satz „Es ist nicht gut, dass der Mensch allein sei" interpretieren.
... anhand von Porträts über die Wahrnehmung der Welt aus unterschiedlichen Perspektiven theologisieren.
... 1. Mose 2–3 als eine Geschichte des Erwachsenwerdens deuten.
... über Aussagen zur Homosexualität in der Bibel Auskunft geben.
... Worte des Trauversprechens erläutern.
... literarische Gedanken über die Liebe wiedergeben.
... deine eigenen Vorstellungen über Liebe und Partnerschaft äußern.

Idee

Kunstprojekt einer Münchner Schule (Tekin Kilicoglu)

Installation mit Modelleisanbahnfiguren

a) Wählt ein Thema aus diesem Kapitel aus, das ihr gestalten möchtet.
b) Sucht einen geeigneten Ort für eure Installation.
c) Bemalt Modelleisenbahnfiguren und setzt sie in die Landschaft.
d) Fotografiert eure Street-Art-Kunst in drei Einstellungen:
   - Nahaufnahme (die Figur erscheint lebensgroß),
   - Totale (die Figuren sind in ihrer Umgebung zu sehen, aber die Landschaft macht nicht den Hauptinhalt aus),
   - Contextshot (die Figuren erscheinen nur noch als winzige Punkte in der Umgebung, die unterschiedlichen Perspektiven werden deutlich).

A → Z

Reli-Lexikon: Streetart

Methode: Installation entwickeln S. 170 Internetrecherche S. 171

3 In Würde sterben

Warum müssen wir sterben?

Wann ist man alt genug zum Sterben?

Was kommt nach dem Tod?

Keine Angst vor dem Sterben

Rückfall

Peter H., ein an Leukämie erkrankter Jugendlicher, erzählt:

Am Donnerstag fuhren meine Mutter und ich zu einer normalen Routineuntersuchung nach Tübingen in die Poliklinik der Kinderklinik.

Die Untersuchung und die Blutabnahme liefen normal ab. Dr. Klingebiel schaute sich einen Ausschlag an, den ich schon seit Ende der Therapie, das war vor 1¼ Jahren, hatte. Während ich meine Jacke anzog, fragte meine Mutter im Labor nach meinen Blutwerten. Als wir erfuhren, dass ich 2500 Leukos hatte, gingen wir nochmals zu Dr. Klingebiel. Zu diesem Zeitpunkt hätte ich nie an einen Rückfall gedacht. Als wir von der Hautklinik wieder zu Dr. Klingebiel kamen, sagte er uns, dass es ein Rückfall sein könnte oder vielleicht auch nur eine Infektion. Nur durch eine Knochenmarkpunktion könne man sicher feststellen, was es ist. Die Nachricht, dass es ein Rückfall sein könnte, war für mich und meine Mutter ein großer Schock. Das Heulen überkam mich und als Erstes kam die Frage: „Warum gerade ich?"

Die Schwester sagte uns, dass wir uns diese Frage nicht stellen dürften. Wir alle wussten, dass es auf diese Frage keine Antwort gab, trotzdem stellte ich sie mir. Während wir auf das Ergebnis warteten, kamen mir die Gedanken, was wäre, wenn es ein Rückfall ist.

Zuerst fielen mir die Dinge ein, die ich jetzt nicht mehr tun könnte:

- Ich könnte den Bronze-Tanzkurs nicht fertig machen;
- Es war mir klar, dass ich vorerst die Schule nicht besuchen konnte;
- Ich hatte Karten für den Sportlerball am 5. November und konnte da natürlich nicht hingehen.

Als uns Dr. Klingebiel nach einer halben Stunde mitteilte, dass es ein Rückfall ist, mussten meine Mutter und ich nochmals sehr heulen. Im ersten Moment wusste ich gar nicht, was ich tun sollte. Ich spürte eine Leere in mir. Dr. Klingebiel und die Schwester versuchten uns ein wenig zu beruhigen, obwohl ich ihnen ansah, wie sehr sie betroffen waren und mit mir fühlten.

Sie erklärten uns, dass es noch eine gute Chance für eine Heilung gibt: mit Chemotherapie und eventueller Knochenmarktransplantation. Schon kamen mir Zweifel, ob ich das schaffe. Aber ich wusste, dass dies die einzige Chance ist, wieder gesund zu werden.

1. Arbeite heraus, wie Peter seine Krankengeschichte erlebt. Welche Rolle spielen die Menschen in seinem Umfeld?

2. Diskutiert, ob die hoffnungsvollen Gesichtspunkte dieses Berichts überwiegen oder diejenigen, die eher mutlos machen.

Psalm 90

1 Herr, du bist unsre Zuflucht für und für.
2 Ehe denn die Berge wurden und die Erde
und die Welt geschaffen wurden, bist du,
Gott, von Ewigkeit zu Ewigkeit.
3 Der du die Menschen lässest sterben und
sprichst: Kommt wieder, Menschenkinder!
4 Denn tausend Jahre sind vor dir; wie der
Tag, der gestern vergangen ist, und wie ei-
ne Nachtwache.
10 Unser Leben währet siebzig Jahre, und
wenn's hoch kommt, so sind's achtzig Jah-
re, und was daran köstlich scheint, ist
doch nur vergebliche Mühe; denn es fäh-
ret schnell dahin, als flögen wir davon. [...]
12 Lehre uns bedenken, dass wir sterben
müssen, auf dass wir klug werden.

Memento

Vor meinem eignen Tod ist mir nicht bang,
Nur vor dem Tode derer, die mir nah sind.
Wie soll ich leben, wenn sie nicht mehr da sind?

Allein im Nebel tast ich todentlang
Und laß mich willig in das Dunkel treiben.
Das Gehen schmerzt nicht halb so wie das Bleiben.

Der weiß es wohl, dem gleiches widerfuhr;
– Und die es trugen, mögen mir vergeben.
Bedenkt: den eignen Tod, den stirbt man nur,
Doch mit dem Tod der andern muß man leben.

Mascha Kaléko

A → Z

Reli-Lexikon:
Masha Kaléko

3. Beschreibe den Umgang mit der Endlichkeit des Lebens in den beiden Texten. Achte besonders auf Psalm 90,12.

4. Erläutere Mascha Kalékos Unterscheidung zwischen Tod und Sterben.

5. ❀ Schreibe einen Brief an den todkranken Peter. Finde eigene Umschreibungen für die Endlichkeit des Lebens.

Trauern

Nach langem, schwerem, in großer Geduld und Tapferkeit ertragenem Leid, nahm Gott der Herr meine liebe Frau und Mutter

Inga Schöller
geb. von Kaufring
*16. April 1935 †19. August 2013

zu sich in den ewigen Frieden.

In stiller Trauer:

Reinhard Schöller Ehemann
Carola Schöller Tochter
im Namen aller Angehörigen

Evangelische Trauerfeier am Donnerstag, den 2.9.2013, um 14 Uhr in der Aussegnungshalle Friedhof Süd, anschließend Urnenbeisetzung. Von Beileidsbezeugungen am Grabe bitte Abstand nehmen.

Für die erwiesene und noch zugedachte Anteilnahme danken wir herzlich.

Ich bin umgezogen!

Friedhelm S.
*24.9.1961 † 2.10.2013

Neue Adresse:
Waldfriedhof Pforzheim

Ich freue mich über Besuch!

Kurz vor seiner Beförderung zum Abteilungsleiter verstarb unser allseits geschätzter Mitarbeiter

Heribert Meiller
*12.10.1952 † 14. 3. 2014

Herr Meiller trat kurz nach seiner Ausbildung zum Lebensmitteltechniker für Milchwirtschaft in unseren Betrieb ein. Durch sein Fachwissen und seine hohe Einsatzbereitschaft wurde er schon bald zum Schichtleiter befördert. Auf dieser Stelle hat er sich in seiner fast 40-jährigen Betriebszugehörigkeit bestens bewährt. Zum Aufbau der Außenstelle in B. hat er maßgeblich beigetragen. Nach dem schwierigen Umstrukturierungsprozess in den 90er-Jahren hat Herr Meiller Flexibilität bewiesen und sich durch Fortbildungen neu orientiert. Zuletzt war er für eine innerbetriebliche Beförderung vorgesehen.
Wir werden ihn bleibend in Erinnerung behalten.

***westfrost GmbH**
Geschäftsleitung

Unsere Chrissy ging über die Sternenbrücke

Christine Berghammer
*14. Februar 1987 † 13. Februar 2014

Sie hat sich ihrer schweren Erkrankung mit bewundernswerter Tapferkeit gestellt. Unsere unendliche Liebe begleitet sie.

Elise und Kurt Holzinger, Marita und Andreas, Nicole und Michael mit Timo und Saskia, Frank und alle Angehörigen

Wir haben sie im engsten Kreis im Friedwald von Entingen beigesetzt.

Methode:
Traueranzeige gestalten
S. 184

1. Tragt zusammen, was die Anzeigen über die Verstorbenen und die Angehörigen aussagen.

2. Vergleicht, wie Menschen Sterben und Tod in Worten und Bildern umschreiben und nehmt dazu Stellung.

> Ich möchte von Gott nicht an den Grenzen, sondern in der Mitte, nicht in den Schwächen, sondern in der Kraft, nicht also bei Tod und Schuld, sondern im Leben und im Guten des Menschen sprechen. An den Grenzen scheint es mir besser, zu schweigen und das Unlösbare ungelöst zu lassen.
>
> Dietrich Bonhoeffer

Leichenrede

dem herrn unserem gott
hat es ganz und gar nicht gefallen
daß gustav e. lips
durch einen verkehrsunfall starb
erstens war er zu jung
zweitens seiner frau ein zärtlicher mann
drittens zwei kindern ein lustiger vater
viertens den freunden ein guter freund
fünftens erfüllt von vielen ideen
was soll jetzt ohne ihn werden?
was ist seine frau ohne ihn?
wer spielt mit den kindern?
wer ersetzt einen freund?
wer hat die neuen ideen?
dem herrn unserem gott
hat es ganz und gar nicht gefallen
daß einige von euch dachten
es habe ihm solches gefallen
im namen dessen der tote erweckte
im namen des toten der auferstand:
wir protestieren gegen den tod von
gustav e. lips

Kurt Marti

Fenster der Dietrich-Bonhoeffer-Kirche in Tübingen (Gestaltung: Gisela Dreher-Richels, Text im Fenster: Dietrich Bonhoeffer)

Methode:
Plakat erstellen
S. 175

3. Beschreibe, was Kurt Marti über Gustav E. Lips und über Gott erzählt.

4. Erläutert, welche Vorstellung von Gott Marti und Bonhoeffer kritisieren.

5. Diskutiert: In welchen unterschiedlichen Formen begegnet uns heute der Tod? Gestaltet Protestplakate gegen den Tod.

Über den Tod hinaus

Ein Taxifahrer aus New York schreibt: Ich wurde zu einer Adresse bestellt, wo ich einen Fahrgast abholen sollte. Als ich ankam, hupte ich laut. Nach ein paar Minuten Wartezeit hupte ich erneut. Ich parkte das Auto, ging zur Tür und klopfte.

„Nur eine Minute", antwortete eine gebrechliche, ältere Stimme. Nach einer langen Pause öffnete sich die Tür. Eine kleine Frau über 90 Jahre stand vor mir. An ihrer Seite stand ein kleiner Koffer. Die Wohnung sah leer aus, als hätte dort seit Jahren niemand gelebt. Alle Möbel waren mit Tüchern bedeckt. Es gab keine Uhren an den Wänden, alle Schränke waren leer. In der Ecke war ein Umzugskarton, gefüllt mit Fotos und Glaswaren.

„Würden Sie meinen Koffer zum Auto tragen?", bat sie mich. Ich legte den Koffer in den Kofferraum und kehrte dann zurück, um die Frau zu unterstützen. Sie nahm meinen Arm und wir gingen langsam zum Taxi. Sie dankte mir für meine Güte. „Kein Problem", sagte ich ihr. „Oh, du bist so ein guter Junge", sagte sie. Als wir im Taxi saßen, gab sie mir eine Adresse und fragte: „Können sie mich durch die Innenstadt fahren?" „Es ist nicht der kürzeste Weg", antwortete ich schnell. „Oh, das macht nichts", sagte sie. „Ich habe es nicht eilig. Ich bin auf dem Weg zu einer Sterbeklinik." Ich schaute in den Rückspiegel. Ihre Augen waren glänzend. „Ich habe keine Familie", fuhr sie fort mit einer weichen Stimme. „Der Arzt sagt, ich habe nicht mehr sehr lange." Als ich das gehört habe, da musste ich einfach das Taxameter abschalten: „Welche Route soll ich nehmen?"

Für die nächsten zwei Stunden fuhren wir durch die Stadt. Wir fuhren durch das Viertel, wo sie und ihr Ehemann als Ehepaar lebten, an einem Möbellager vorbei, der einst ein Ballsaal gewesen war, wo sie als junges Mädchen tanzen ging.

Als die ersten Sonnenstrahlen am Horizont erschienen, sagte sie: „Ich bin müde. Es ist Zeit." Wir fuhren stillschweigend zu der Adresse, die sie mir gegeben hatte. Es war ein niedriges Gebäude, wie ein kleines Erholungsheim. Zwei Pflegekräfte kamen zum Taxi. Sie waren besorgt und beobachteten jede Bewegung. Ich öffnete den Kofferraum und nahm den kleinen Koffer und stellte ihn vor die Tür. Die Frau saß bereits im Rollstuhl. „Wie viel schulde ich Ihnen?" In dem Moment bat sie die Pflegekräfte, ihr ihren Geldbeutel zu reichen. „Nichts", sagte ich.

Ohne in dem Moment nachzudenken, beugte ich mich zu ihr und gab ihr eine herzliche Umarmung. Sie drückte mich fest an sich heran. „Sie haben einer alten Frau einen kleinen Moment der Freude geschenkt", sagte sie. „Danke." Ich drückte ihre Hand und ging dann in Richtung Sonnenaufgang zum Taxi. Hinter mir schloss sich eine Tür. Dieses Geräusch kam mir vor wie das Abschließen eines Lebens.

Daniela Ben Said

Methode:
Innerer Monolog
S. 169

1. Schreibe einen inneren Monolog aus der Sicht der alten Dame.

2. Erkläre mithilfe dieser Geschichte, warum keine Klinik „Sterbeklinik" heißen möchte.

3. Diskutiert den Zusammenhang zwischen einem würdevollen Leben und einem würdevollen Sterben.

Johannes 12,23–24

Jesus aber antwortete ihnen und sprach: Die Zeit ist gekommen, dass der Menschensohn verherrlicht werde. Wahrlich, wahrlich, ich sage euch: Wenn das Weizenkorn nicht in die Erde fällt und erstirbt, bleibt es allein; wenn es aber erstirbt, bringt es viel Frucht.

Initiative Organspende Rheinland-Pfalz

Korn, das in die Erde

nach Johannes 12,24

Über Gottes Liebe brach die Welt den Stab,/
wälzte ihren Felsen vor der Liebe Grab./
Jesus ist tot. Wie sollte er noch fliehn?/
Liebe wächst wie Weizen,
und ihr Halm ist grün.

Im Gestein verloren Gottes Samenkorn,/
unser Herz gefangen in Gestrüpp und Dorn –/
hin ging die Nacht, der dritte Tag erschien:/
Liebe wächst wie Weizen,
und ihr Halm ist grün.

Text: Jürgen Henkys (1976) 1979 nach dem englischen „Now the green blade rises“ von John Macleod Campbell Crum 1928. Melodie „Noël nouvelet“ Frankreich 15. Jh

> Wer im Gedächtnis seiner Lieben lebt,
> der ist nicht tot, der ist nur fern;
> tot ist nur, wer vergessen wird.
>
> Immanuel Kant (1724–1804) zugeschrieben, Philosoph

4. Beziehe Jesu Aussagen über Sterben und Leben auf das Ende der Geschichte Jesu.

5. Vergleiche Jesu Aussage mit den Texten und Bildern auf dieser Seite.

6. ❀ Singt das Lied „Korn, das in die Erde“ und vergleicht mit Joh 12,23–27.

Plus

S. 30–31

Keine Angst vor dem Sterben

Viele tausend Jahre ist man tot.
Ob es weh tut?
Ist man einsam? Hat man Angst?

Der Tod kommt plötzlich um viertel nach vier.
Warum? Warum? Sag es mir.

Das Lied ist zu Ende. Aus Leben wird Tod.
Dein Körper wird kalt. Alles wird dunkel.
Im Dunkeln warst du wie ein Licht.
Danke, wir vergessen dich nicht.

Die Gedichte stammen von jüngeren Kindern. Sie sind in dem Buch „Die besten Beerdigungen der Welt" zu finden.

1. Wählt einen Vers dieser Kindergedichte und schreibt einen Kommentar.

2. Formuliert eigene Gedichte und Gedanken zu Tod und Sterben.

S. 32–33

Trauern

Recherchiert: Welche Bestattungsformen sind in Deutschland gebräuchlich, was ist erlaubt, wie teuer ist eine Bestattung?

S. 34–35

Über den Tod hinaus

Now the green blade rises from the buried grain,
Wheat that in the dark earth many years has lain;
Love lives again, that with the dead has been:
Love is come again, like wheat that springs up green.

When our hearts are saddened, grieving or in pain,
By Your touch You call us back to life again;
Fields of our hearts that dead and bare have been:
Love is come again, like wheat that springs up green.

John Macleod Campbell Crum

- Gestaltet die Aussagen in der deutschen und der englischen Version des Liedes „Korn, das in die Erde" auf kreative Weise und vergleicht die Sprachbilder.
- Wie übersetzen sie das, was Hoffnung gibt „über den Tod hinaus"?

Check up

Blick zurück

Du hast in diesem Kapitel über Sterben und Tod und über die Frage nachgedacht, wie man nach dem Tod eines Menschen weiterleben kann. Du bist in Bildern und Texten unterschiedlichen Sichtweisen des Sterbens und des Todes begegnet und hast dich darüber informiert, wie die Menschen in unserer Kultur und unserer Gesellschaft mit Trauer, Sterben und Tod umgehen.
Du hast Bilder für die Hoffnung über den Tod hinaus kennengelernt und selbst gestaltet. Du hast die Bilder verglichen und dazu Stellung genommen. Vergleiche die Antworten, die du nun auf die Fragen am Anfang des Kapitels gefunden hast, mit deinen früheren Antworten.

Du kannst

... beschreiben, wie Menschen mit den Grenzen ihres Lebens und des Lebens anderer umgehen.
... Angst und Trost, Verzweiflung und Hoffnung, Trauer und Begleitung von Menschen in Worte fassen.
... christliche Formen des Umgangs mit Sterben und Tod, Trauer und Hoffnung erläutern und dazu Stellung nehmen.
.... die Begriffe „würdevolles Leben“ und „würdevolles Sterben“ erläutern und in Beziehung zueinander setzen.
... Jesu Aussagen über den Tod und die Hoffnung über den Tod hinaus mit den Aussagen in Traueranzeigen, Liedern und Bildern vergleichen.

Idee

Die „schönste Abschiedsfeier der Welt“

Nicht erst mit dem Tod muss man sich im Leben verabschieden. Manchmal sind es Menschen, die uns verlassen. Irgendwann wird eure Schulzeit zu Ende gehen. Plant eine Abschiedsfeier für eure Schulzeit. Überlegt: Welche Abschiede fallen schwer, welche fallen leichter? Welche Rolle spielt die Erinnerung, wie viel Zeit braucht ihr zum stillen Nachdenken, was gibt euch Kraft für die Zeit danach? Sucht geeignete Musik und Lieder, Bilder, Texte, Geschichten und schreibt ein Gebet, in dem ihr Vertrauen und Hoffnung vor Gott bringt.

4 Gott unter Beweis stellen?

Ich bin der Meinung, dass es keinen Gott gibt, weil alles durch den Urknall entstanden ist. Wie sollen Dinge denn aus dem Nichts entstehen? Der Mensch hat sich erst entwickelt zu dem, was wir jetzt sind und nicht wie bei Adam und Eva, die als voll entwickelte Menschen auf der Welt aufgetaucht sind.

Ich denke, dass die Menschen es sich früher noch nicht erklären konnten, wie die Erde entstanden ist und sie haben dann angefangen, sich etwas zu überlegen, wie es gewesen sein könnte.

Früher wurde an Dinge geglaubt, wie z. B. Hexen, wo heute niemand mehr dran glaubt, da es nachgewiesen wurde, dass es diese Sachen nicht gibt. Durch all diese Einflüsse hat sich eine Geschichte entwickelt, wo Sachen passieren, die heute keinesfalls möglich sind.

Michelle, 14 Jahre

Meiner Meinung nach sind Wunder ein Beweis dafür, dass Gott existiert.

Marie-Luise, 14 Jahre

Zwei Mädchen sprechen über Gott:

Carolin, 14 Jahre

Patricia: *Ich glaube an Gott, denn er ist ein Teil meines Lebens. Jeden Sonntag gehe ich mit meiner kleinen Schwester in den Kindergottesdienst, vor jedem Essen bedanken wir uns bei Gott. Ich denke, es sind die Kleinigkeiten, die Gott ausmachen.*

Natalie: *Ich gehe nicht jeden Sonntag in die Kirche. Meine Familie und ich beten auch nicht vor jedem Essen. Doch ich weiß trotzdem, dass es Gott gibt, denn wie du schon gesagt hast: Es sind die Kleinigkeiten, die Gott uns gibt. Den Menschen, denen es schlecht geht, zaubert Gott vielleicht täglich einmal ein Lächeln auf die Lippen, er gibt ihnen neue Hoffnung. Den Menschen, die im Wohlstand leben, versucht Gott zu vermitteln, dass sie dankbar für das sein sollen, was sie haben.*

Auf der Welt ist schon viel Leid passiert. Dabei stellt man sich die Frage: Gibt es Gott wirklich? Wenn es Gott geben würde, hätte er doch sicher die Kraft, so viel Leid zu verhindern. Es ist schwierig zu glauben, dass es Gott wirklich gibt. Trotzdem gibt es genügend Gläubige, die alles für Gott machen würden.

Tim, 15 Jahre

Wie lässt sich Gott beweisen?

Wie sichtbar ist Gott?

Warum zweifeln Menschen an Gott?

Glaube und Naturwissenschaft: Sowohl als auch

Unterschiedliche Perspektiven

A → Z

Reli-Lexikon:
Evolution
Kreationismus
Urknall

Niemand weiß, warum in der Welt der Quanten die Kausalität endet und der Zufall das Verhalten der Elementarteilchen regiert. Ebenso rätselhaft sind die Entstehung des Lebens und das Wunderwerk des menschlichen Körpers – unser Gehirn gilt als die komplexteste Struktur des Universums. Das größte Geheimnis aus physikalischer Sicht ist die feine Abstimmung der physikalischen Konstanten und Naturkräfte. Sie wurden im Augenblick des Urknalls festgelegt und bestimmen seither die Entwicklung des Kosmos. Wären sie nur geringfügig anders beschaffen, würde es darin weder Galaxien, Sterne und Planeten noch Leben geben.

Mit der Vorstellung, die erste Ursache, der große Unbekannte, der dafür gesorgt hat, dass es etwas statt nichts gibt, könne das Universum gezielt gestalten und zu Millionen Menschen gleichzeitig sprechen, entzieht man sich völlig der Verantwortung, eine Erklärung zu finden. Es ist die entsetzliche Zurschaustellung einer selbstzufriedenen, das Denken leugnenden Wundergläubigkeit.

Richard Dawkins, Evolutionsbiologe

Ich glaube, dass Gott mich geschaffen hat samt allen Kreaturen, mit Leib und Seele, Augen, Ohren und alle Glieder, Vernunft und alle Sinne gegeben hat und noch erhält; […] vor allem Übel behütet und bewahret.

Martin Luther

1. Liste die naturwissenschaftlichen Rätsel aus dem Text auf. Ergänze mit weiteren Naturphänomenen, die dir rätselhaft erscheinen.

2. Arbeitet in Partnerarbeit die unterschiedlichen Zugänge heraus, mit denen ein Kreationist (Comic), Dawkins und Luther die Welt erklären.

Ein Lösungsversuch

Tatsächlich leben Menschen in zwei unterschiedlichen Welten, zwischen denen sie mühelos wechseln können. In der einen Welt sichten sie Fakten und sammeln Daten und in der anderen Welt lieben und leiden sie. Und wenn sie gerade ihr Leben genießen, kommt ihnen ihr genetischer Bauplan weder in die Quere noch in den Sinn. Anders gesagt: In der einen Welt können Fragen durch Informationen beantwortet werden und in der anderen Welt nicht.

Wer diesen Unterschied nicht beachtet, gerät in Schwierigkeiten – vor allem, wenn er sich auf die Methoden der Wissenschaft berufen will. Die moderne Wissenschaft hat ihre Grenzen übersehen, weil sie zu einer Zeit geboren wurde, als viele glaubten, dass es nur Tatsachenfragen gibt. Entsprechend ist die Wissenschaft angetreten. Die Menschen fragten und die Wissenschaftler antworteten. Diese Zeiten sind vorbei. Heute sind wir selbst gefragt, und nur wenn wir uns darauf einigen können, werden Antworten möglich.

nach Ernst Peter Fischer

In welcher Beziehung stehen nun Glaube und Naturwissenschaft bzw. Schöpfungsglaube und Evolutionstheorie?
Hier kommt es darauf an, die unterschiedlichen Kompetenzen beider Bereiche zu bedenken. Dann muss man feststellen, dass Glaube und Naturwissenschaft die Wirklichkeit auf unterschiedlichen Ebenen und mit unterschiedlichen Fragestellungen betrachten.

Der Glaube will nicht erklären, wie die Welt entstanden ist. Die biblischen Schöpfungserzählungen sind keine Reportagen über die Weltentstehung, sondern sie wollen festhalten, dass alles von Gott geschaffen ist.

Selbst wenn man den Naturwissenschaften zugesteht, Handlungen in der Geschichte erklären zu können – spätestens bei der Frage nach dem Woher und dem Wohin der Welt endet diese Kompetenz.

Dementsprechend wird es auch nicht möglich sein, mit naturwissenschaftlichen Methoden zu erforschen, warum etwas ist und nicht vielmehr nichts.

nach Klaus von Stosch

A → Z

Reli-Lexikon:
Evolution

Methode:
Dialog schreiben
S. 167
Interview
S. 172

3. In welchem Verhältnis sehen die Texte auf S. 38–39 Glaube und Naturwissenschaft? Vergleiche mit Aufgabe 2.

4. Arbeite die Argumente von Fischer und von Stosch heraus.

5. Beschreibe Michelle (Auftaktseite) in einem Brief deinen Standpunkt.

6. Führe über das Verhältnis von Glaube und Naturwissenschaft ein Interview durch. Tragt eure Ergebnisse zusammen.

Gott im Leid verlieren und finden

Hiobs Botschaft

Hiob ist ein wohlhabender, mit vielen Kindern gesegneter und gottesfürchtiger Mann. Doch dann bricht das Unglück über ihn herein: Erst verliert er seine Kinder, dann seinen Besitz und schließlich auch seine Gesundheit. Hiob verzweifelt.
Seine Freunde versuchen herauszufinden, auf welche Gründe Hiobs Schicksal zurückgeführt werden kann. Doch Hiob beteuert, dass er sich nichts habe zu Schulden kommen lassen. Vielmehr äußert er Zweifel an Gottes Gerechtigkeit.

A → Z

Reli-Lexikon:
Hiob

Hiob 10,1–4.18

Mich ekelt mein Leben an. Ich will meiner Klage ihren Lauf lassen und reden in der Betrübnis meiner Seele und zu Gott sagen: Verdamme mich nicht! Lass mich wissen, warum du mich vor Gericht ziehst. Gefällt dir's, dass du Gewalt tust und verwirfst mich, den deine Hände gemacht haben, und bringst der Gottlosen Vorhaben zu Ehren? Hast du denn Menschenaugen, oder siehst du, wie ein Sterblicher sieht?

Warum hast du mich aus meiner Mutter Leib kommen lassen? Ach dass ich umgekommen wäre und mich nie ein Auge gesehen hätte!

Dann spricht Gott zu Hiob:

Hiob 38,2–6

Wer ist's, der den Ratschluss verdunkelt mit Worten ohne Verstand? Gürte deine Lenden wie ein Mann! Ich will dich fragen, lehre mich! Wo warst du, als ich die Erde gründete? Sage mir's, wenn du so klug bist! Weißt du, wer ihr das Maß gesetzt hat oder wer über sie die Richtschnur gezogen hat? Worauf sind ihre Pfeiler eingesenkt, oder wer hat ihren Eckstein gelegt?

Hiob gelangt zu der Erkenntnis:

Hiob 42,2–3

Ich erkenne, dass du alles vermagst, und nichts, das du dir vorgenommen, ist dir zu schwer. „Wer ist der, der den Ratschluss verhüllt mit Worten ohne Verstand?" Darum hab ich unweise geredet, was mir zu hoch ist und ich nicht verstehe.

Alexej von Jawlensky:
Die Dornenkrone, 1918

Methode:
Bildbeschreibung
S. 165
Standbild
S. 180

1. Stellt in Gruppenarbeit mindestens drei Szenen aus der Geschichte von Hiob in Standbildern dar.

2. Finde mithilfe einer Bibel heraus, wie es mit Hiob weitergeht.

3. Beschreibe das Bild und beziehe es auf die Geschichte von Hiob.

Esthers Botschaft

Esther („Etty") Hillesum ist eine Amsterdamer Jüdin, die 1943 in Auschwitz ermordet wurde. Am 3. Juli 1943 – kurz vor ihrem Tod – schreibt sie in ihr Tagebuch:

Ach wir tragen ja alles mit uns, Gott und den Himmel, Hölle und Erde, Leben und Tod und Jahrhunderte, viele Jahrhunderte. Die Kulissen und die Handlung der äußeren Umstände wechseln. Aber wir tragen alles in uns, und die Umstände sind nicht entscheidend, niemals, da es immer Umstände gibt, gute oder schlechte, und mit der Tatsache, dass es gute und schlechte Umstände gibt, muss man sich abfinden, was nicht hindert, dass man sein Leben für die Verbesserung der Umstände einsetzt. [...]

In den letzten Tagen hat sich sehr viel in mir ereignet, und jetzt hat sich endlich etwas herauskristallisiert. Ich habe unserem Untergang ins Auge geblickt, unserem vermutlich elenden Untergang, der sich jetzt schon in vielen Kleinigkeiten des täglichen Lebens ankündigt, und diese Möglichkeit habe ich in mein Lebensgefühl einbezogen, ohne dass mein Lebensgefühl dadurch an Kraft verloren hätte. Ich bin nicht verbittert und wehre mich nicht dagegen, ich bin auch nicht mehr mutlos und schon gar nicht resigniert. Meine Entwicklung geht von Tag zu Tag ungehindert weiter, auch mit der Möglichkeit der Vernichtung vor Augen. [...]

Es gibt keine Grenzen zwischen leidenden Menschen, beiderseits aller Grenzen gibt es Leidende, und man muss für alle beten. Gute Nacht. [...] Die Mutlosigkeit ist von mir abgefallen, und an ihre Stelle ist eine größere Kraft als zuvor getreten. Und noch dies: Dadurch, dass man seine eigenen Kräfte und Unzulänglichkeiten kennenlernt und sie als gegeben hinnimmt, verstärkt man seine Kraft. Es ist alles so einfach, für mich wird es immer verständlicher, und ich möchte lange leben, um es auch anderen verständlich zu machen. Und jetzt wirklich gute Nacht.

A → Z
Reli-Lexikon:
Auschwitz

Methode:
Text-Bild-Collage
S. 181
Theologisieren
S. 183

4. Wähle einen Satz aus dem Tagebucheintrag von Esther Hillesum aus, der dich besonders nachdenklich stimmt. Gestalte dazu eine Text-Bild-Collage.

5. Vergleicht in Partnerarbeit Hiobs und Esther Hillesums Art und Weise, mit Leid umzugehen.

6. „Gott im Leid verlieren und finden" – theologisiert dazu in der Reli-Gruppe.

Beweissache Gott

Leben ohne Gott

Mir bereitet die Vorstellung von einem Gott Schwierigkeiten. Ich finde ständig menschliche Eigenschaften, die auf eine Gottheit projiziert werden: Zorn, Mitleid, Güte, die Fähigkeit, zu richten, zu sehen und vorherzusehen, Intelligenz und Willen. Ich kann gut damit umgehen, dass andere Menschen diesem Gott ihren Glauben schenken. Ich selbst aber stehe abseits davon – vor allem wenn ich sehe, wie sich die Vorstellung von Gott der moralischen Entwicklung der Menschheit anpasst.
Schon immer habe ich mich gefragt, wo Gott in Zeit und Raum seinen Platz haben soll. Der Begriff der Schöpfung ist mir fremd. Ich denke dabei an das Ozean-Museum in Brest (Frankreich). Dort ist zu lesen, dass die Erde sich seit vier Milliarden Jahren dreht, dass ein wirkliches Leben sich in den Ozeanen vor 800 bis 700 Millionen Jahren herausgebildet hat und vor etwa 400 Millionen Jahren auf das Festland gelangte. Angesichts dieser zeitlichen Unermesslichkeit stellt sich mir die Frage: Wann soll hier eine Schöpfung aufgrund eines göttlichen Willens stattgefunden haben?

nach Alfred Grosser

A → Z
Reli-Lexikon:
Atheismus
Moral
Projektion

Thomas Plaßmann: Atheistische Glaubenszweifel

Methode:
Innerer Monolog
S. 169

1. Arbeite die Argumente heraus, mit denen Alfred Grosser seinen Nicht-Glauben begründet.
2. Worum geht es in der Gedankenblase des Patienten? Schreibe einen inneren Monolog.
3. Analysiere die Texte auf S. 38–39: Inwiefern kannst du darin die Position Grossers bzw. die Karikatur entdecken?

Überzeugende Argumente?

Der Sinn für Gut und Böse
(moralischer Beweis)

Der Mensch ist ein vernunftbegabtes Wesen. Da er sich selbst weder belohnen noch bestrafen kann, muss es jemanden geben, der höher ist als der Mensch. Dieser Jemand teilt Belohnung und Strafe aus.

Gäbe es so eine Instanz nicht, hätte das menschliche Leben keinen Sinn, da sich Gutes und Böses nicht ausgleichen würden. Anders argumentiert: Da der Mensch einen Sinn für Gut und Böse hat, muss es eine Instanz geben, durch die dieser Sinn entstanden ist.

Weltweiter Glaube
(ethnologischer Beweis)

Ethnos (griech.) bedeutet „Volk".

Betrachtet man die Erdbevölkerung, so muss man feststellen, dass es kein Volk auf der Welt gibt, das ohne die Verehrung einer Gottheit auskommt.

Das kann kein Zufall sein, sondern muss als Beweis dafür gesehen werden, dass sich Gott selbst allen Menschen geoffenbart hat.

Alles hat eine Ursache
(kosmologischer Beweis)

Es kann wohl nicht bestritten werden, dass es auf der Welt Bewegung gibt. Bewegung ist dabei in einem weiteren Sinne zu verstehen: Es geht sowohl um die Ortsveränderung als auch um den Übergang von der Möglichkeit in die Wirklichkeit. Dinge entstehen und entwickeln sich.

Nichts kann zugleich bewegt und bewegend sein. Also muss alles, was in Bewegung ist, durch etwas anderes bewegt worden sein. Das heißt: Jede Bewegung ist selbst wieder durch etwas anderes bewegt und so weiter.

In dieser Weise lässt sich jedoch nicht bis ins Unendliche zurückgehen, da sonst die gesamte Kette von Bewegendem und Bewegtem gar nicht in Gang gekommen wäre. Also muss ein erstes unbewegtes Bewegendes vorausgesetzt werden, das die Kette des Werdens in Gang gesetzt hat, ohne selbst Teil dieser Kette zu sein.

Und darunter verstehen wir Gott.

A → Z

Reli-Lexikon:
Gottesbeweis
Kosmos
Moral
Offenbarung

Wovon man nicht sprechen kann,
darüber muss man schweigen.
Ludwig Wittgenstein, Philosoph

4. Wählt einen der drei Gottesbeweise aus und diskutiert in Partnerarbeit, was euch an der Argumentation überzeugt und was nicht.

5. Beziehe Wittgensteins Aussage auf die drei Gottesbeweise.

6. Warum glauben nicht alle Menschen an Gott, obwohl es Gottesbeweise gibt?

Glauben verstehen lernen

Blick zurück

Als ich noch ein Kind war, hätte ich eine Religionslehrerin beinahe um ihren Verstand gebracht. Jesus war das Thema, eine seiner Wundergeschichten. Für Rätsel und Wunder sind Kinder schnell zu haben. Mir ging es nicht anders. Doch im Mittelpunkt stand keine Zauberei, kein Kinderkram, das wusste ich. Sondern der Glaube. Gott. Und Jesus.

Ich mochte unsere Religionslehrerin. Aber auf einmal wurde ich misstrauisch. Ich zweifelte. Und meldete mich zu Wort: „Ich glaube, dass die Menschen Jesus erfunden haben, damit die Menschen an Gott glauben", posaunte ich hinaus. Das war zwar ehrlich, mir aber sofort peinlich. Denn es geschah, was ich befürchtet hatte: Meine Lehrerin, die geduldig versuchte, mich vom Gegenteil zu überzeugen, kam ins Schleudern. Wie sollte sie mir, dem Kind, auch beweisen, dass es Jesus gegeben hatte, als leibhaftigen Sohn Gottes, ihn und seine Wunder?

Ich bestand aber auf einem Beweis. Und obwohl ich geahnt hatte, in welche Schwierigkeiten ich sie bringen würde, stellte ich diese Frage. Denn sie trieb mich um.

Erst später lernte ich, was das christliche Wort vom Glauben bedeutet. Im Lateinischen heißt es fides, im Griechischen pistis. Übersetzt ist es die Zuversicht, das Vertrauen, die Treue. Nicht, etwas für wahr zu halten oder gar es belegen zu müssen, sondern sich darauf zu verlassen. Ich hatte meine Lehrerin gründlich überfordert. Sie musste mir nichts beweisen, denn der Glaube verlangt keine Belege. Ich aber wollte Beweise.

„Es ist aber der Glaube eine gewisse Zuversicht des, das man hofft, und ein Nichtzweifeln an dem, das man nicht sieht", heißt es im Hebräerbrief 11, Vers 1. Auch diesen Satz kannte ich als Kind noch nicht. Geholfen hätte er mir allerdings nicht. Denn ich zweifelte ja gerade an dem, was ich nicht sah. Ein Nichtzweifeln schien mir unvorstellbar zu sein.

Wie hätte meine Religionslehrerin meine Frage beantworten können, ob nicht Menschen hinter allem stecken, damit die Menschen an Gott glauben? Mit anderen Worten: Ob es Gott überhaupt gibt?

Beatrice von Weizsäcker

Methode:
Dialog schreiben
S. 167

1. Arbeite die Grundfrage heraus, die Beatrice von Weizsäcker im Religionsunterricht beschäftigt hat.

2. Denke an deinen eigenen Religionsunterricht zurück: Hast du deine Fragen, die dir wichtig waren, gestellt? Welche Antworten hast du bekommen?

3. Stell dir vor, es kommt zu einer erneuten Begegnung zwischen Beatrice von Weizsäcker und ihrer Religionslehrerin.

Wissen, Fragen und Suchen

Wer weiß

Wer weiß
ob nicht
der Schnee
von gestern
heute fällt

Wer weiß
ob nicht
mein Kinderglaube
das letzte
Wort behält

Eva Zeller

Edward Hopper: Room in Brooklyn, 1932

Ich glaube

Ich rede ungern darüber, aber: Ja, manchmal spüre ich die Nähe Gottes. Nicht wenige Menschen sagen: „Gott spricht nicht mit mir." Bei mir ist das umgekehrt: Er versucht die ganze Zeit, mit mir zu sprechen, aber ich höre zu selten hin. Nicht sein Schweigen ist das Problem, sondern meine Taubheit.

Ich erlebe seine Nähe als Geschenk: Es kann ein Windhauch sein; es kann jedoch auch mitten in der Stadt passieren, mitten im Verkehr. Aber es geht eben nicht auf Knopfdruck, dass man sagt: „Jetzt habe ich Zeit, jetzt will ich dich hören." Besonders intensiv war es bei der Geburt meiner Töchter. Da habe ich ein tiefes Gefühl der Dankbarkeit gespürt.

Ich hatte immer das Gefühl, dass die Welt, die wir sehen, riechen und schmecken, dass das nur eine Oberfläche ist. Ich hatte immer das Gefühl: Ob man nun so aussieht oder so, ob man dieses oder jenes erreicht, ob man reich oder arm ist – in dem großen Zusammenhang spielt das überhaupt keine Rolle.

Tom Buhrow, Journalist

Methode:
Bildbeschreibung S. 165
Theologisieren S. 183

Schreibe einen Dialog.

4. Interpretiert in Partnerarbeit das Gedicht von Eva Zeller.

5. Beschreibe das Bild und beziehe es auf die Seitenüberschrift.

6. Nehmt die Gedanken Tom Buhrows zum Anlass, gemeinsam in der Reli-Gruppe zu theologisieren.

Plus

S. 40–41

Glaube und Naturwissenschaft: Sowohl als auch

1. Erstelle eine Liste mit allen Schulfächern, die derzeit auf deinem Stundenplan stehen.
2. Gib zu jedem der Schulfächer an, worum es in dem Fach geht und warum es für Jugendliche wichtig sein könnte.
3. Welche Motive könnte ein Schüler haben, die Fächer Religion und Biologie als Schwerpunktkurse auszuwählen?

S. 42–43

A → Z

Reli-Lexikon:
Theodizee

Gott im Leid verlieren und finden

Die Frage nach der Gerechtigkeit Gottes angesichts menschlicher Leiderfahrungen bezeichnet man auch als „Theodizeefrage".
Vergleiche die vier Aussagen zur Theodizeefrage (Sprechblase) miteinander:

a) Welche Vorstellung von Gott ist jeweils zu erkennen?
b) Welche weiteren Fragen bzw. Konsequenzen ergeben sich daraus?

Entweder will Gott die Übel beseitigen und kann es nicht.
Oder er kann es und will es nicht.
Oder er will es nicht und kann es nicht.
Oder er will es und kann es.

S. 44–45

A → Z

Reli-Lexikon:
Gottesbeweis

Beweissache Gott

Lies Psalm 8 in einer Luther-Bibel.
Deute den Psalm als einen Gottesbeweis.

S. 46–47

Methode:
Bildbeschreibung
S. 165

Glauben verstehen lernen

1. Beschreibe das Bild und finde einen Titel.
2. Nimm Stellung zu der Zeichnung: Wer sollte deiner Meinung nach in Glaubensfragen vorne am Lenkrad sitzen?

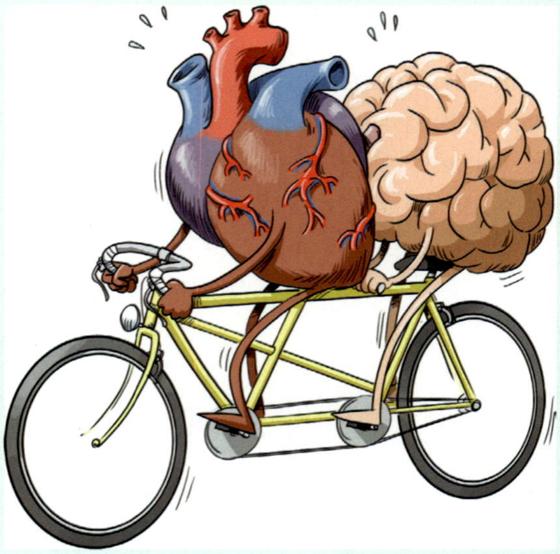

Check up

Blick zurück

Du hast dich mit
- dem Verhältnis von Glaube und Naturwissenschaft,
- der Frage nach dem Leid,
- dem Versuch, Gott zu beweisen und
- der menschlichen Suche nach Antworten auf Glaubensfragen

beschäftigt. Dabei hast du die Glaubensüberzeugungen, -fragen und -entwicklung unterschiedlicher Menschen kennengelernt.
Nun betrachte noch einmal die Texte und die Fragen auf S. 38–39.
Vergleiche deine Antworten auf die drei Fragen mit deinen jetzigen Antworten.

Du kannst

... unterschiedliche Positionen in der Frage nach dem Verhältnis von Glaube und Naturwissenschaft bzw. von Schöpfung und Evolutionstheorie benennen.
... deinen eigenen Standpunkt bzgl. der Frage nach dem Verhältnis von Glaube und Naturwissenschaft verständlich machen.
... die Geschichte von Hiob nacherzählen.
... den Einfluss menschlicher Leiderfahrungen auf die Gottesbeziehung nachvollziehen.
... eine atheistische Position wiedergeben.
... den moralischen, den ethnologischen und den kosmologischen Gottesbeweis nacherzählen.
... den Versuch, Gott zu beweisen, kritisch beurteilen.
... unterschiedliche Bedeutungen von Glauben benennen.

Idee

Teilt euch in Gruppen ein. In den Gruppen verfasst ihr ein Drehbuch für einen Kurzfilm zum Kapitelthema. (Ihr könnt auch einen eigenen Titel wählen.) Anschließend verfilmt ihr eure Idee. Stellt euch eure Kurzfilme in der Reli-Gruppe gegenseitig vor und diskutiert darüber.

5 Wie heute von Gott reden?

Wie reden Jugendliche von Gott?

Wo kommt Gott im Alltag vor?

Wie können Menschen Gott erfahren?

Wie reden Jugendliche von Gott?

Verweis:
Kirche – Mitmachen oder widerstehen?
▸ Kapitel 12, S. 130–131

A → Z
Reli-Lexikon:
Kommunität

Methode:
Internetrecherche
S. 171

Letzten Sommer sind wir mit unserer Jugendgruppe nach Taizé ins französische Burgund gefahren. Bei unserer Ankunft war ich völlig beeindruckt: Über 4000 junge Leute waren hier – um zu singen und zu beten. Die Nächte im Zelt habe ich gut geschlafen – besonders die Ruhe und die frische Morgenluft waren herrlich. Noch vor dem Frühstück trafen sich alle mit den Brüdern der Kommunität zum Morgengebet. Der Vormittag mit Bibelarbeit und Gesprächen ging schnell vorbei. Mittags trafen sich wieder alle zum Gebet. Der Nachmittag war mit Chor, Gesprächen und verschiedenen Arbeiten ausgefüllt. Beim Kochen, Abwaschen, Putzen und Aufräumen des großen Geländes habe ich jede Menge neue Leute kennengelernt. Zum Abendgebet kommen alle in der Versöhnungskirche zusammen. Mich hat das einfache Leben beeindruckt. Es hat mir sehr gut getan. Ich fühle mich gestärkt und habe Klarheit für meinen Alltag erhalten.

Yannik, 17 Jahre

Die Kirche war komplett voll und es herrschte eine überwältigende Ruhe. Davon war ich beeindruckt. Es haben alle gemeinsam gesungen. Ich konnte das Gemeinschaftsgefühl spüren.

Tom aus Niedersachsen

Wenn wir alle zusammen in der Kirche singen, bekomme ich eine Gänsehaut. Ich spüre eine Kraft, die alle verbindet. Aber auch die Texte berühren mich. Ich finde Antworten auf meine Fragen.

Janine aus NRW

An keinem anderen Ort auf der Welt habe ich so etwas bisher gefunden. Ich habe ein ganz besonderes Gefühl bei den besonderen Gebeten. Die Gesänge sind sehr eingängig.

Ben aus Großbritannien

1. Beschreibe das Leben in der Kommunität von Taizé.

2. Sammelt Aussagen, wie die Jugendlichen im Text über Gott reden.

3. Recherchiere im Lexikon oder im Internet weitere Informationen zu Taizé (Gründer, Entstehung).

Wie wir Gott getötet haben?

Es leuchtet doch jedem ein: Nicht Gott lässt das Getreide für unser tägliches Brot auf den Feldern wachsen, dafür sorgt der Kunstdünger, den Justus Liebig erfand.
Es helfen auch keine Bittgebete für den Kranken, sondern Penicillin.
Gott hat nicht die Welt um den Menschen als Mittelpunkt herum geschaffen, denn die Erde ist ein Staubkorn irgendwo in einem unendlichen Kosmos.

Der Mensch hat Gott getötet, indem er sein Leben selbst in die Hand genommen hat. Mit Vernunft und Verstand kann der Mensch jedes Problem der Welt selbst lösen. Gott wird nicht nur überflüssig, für ihn ist überhaupt kein Platz mehr. Naturwissenschaft und Technik werden bald alles erklären und bewältigen können.

Der Mensch muss voranschreiten und sich höher entwickeln. Er muss seinen Machtwillen gegen Schwächere durchsetzen und sich so die besten Voraussetzungen für die eigene Selbstentfaltung schaffen. Der Mensch kann sich nicht aussuchen, ob er ohne Gott leben will. Es bleibt ihm keine andere Wahl. Er muss sich selbst an die Stelle Gottes setzen und dessen Aufgaben übernehmen.

Die Gefahr ist, dass der Mensch sich „übernimmt", dabei scheitert und untergeht. Das ist aber besser, als ein mittelmäßiges Leben zu fristen.

Matthias Hülsmann über Nietzsche

Gott ist tot.
Und wir haben ihn getötet.

Friedrich Nietzsche, Philosoph

A → Z

Reli-Lexikon:
Justus Liebig

4. Erklärt die Aussage Nietzsches „Gott ist tot. Und wir haben ihn getötet".

5. Diskutiert über die beiden Sätze Nietzsches.

6. ❀ Wenn Gott tot wäre, welche Aufgaben müsste der Mensch dann übernehmen?

Wo kommt Gott im Alltag vor?

Im Westen Deutschlands glaubt etwa jeder Zweite daran, dass es Gott oder „etwas Gottähnliches" gibt – im Osten nur knapp jeder Vierte. Auch beim Kirchenbesuch und bei der „privaten" Form des Betens sind es im Osten nur halb so viele der Befragten wie im Westen. Der Anteil derjenigen, die niemals beten, ist in Westdeutschland genauso groß wie der regelmäßig Betenden.

Ergebnis der Studie „Religionsmonitor 2013"

	West	Ost
Gottesglaube ziemlich/sehr	54 %	23 %
Gottesglaube wenig/gar nicht	27 %	68 %
Gottesdienstbesuch monatlich oder öfter	22 %	12 %
Beten, mindestens täglich	24 %	12 %
Beten, nie	25 %	66 %

1. Wähle ein Bild aus und deute es.
2. Diskutiert die Aussage der Studie.
3. ❀ Gestalte eine Werbung für Gott, die andere zum Nachdenken oder Lachen bringt.

Spuren im Sand

Eines Nachts hatte ich einen Traum: Ich ging am Meer entlang mit meinem Herrn. Vor dem dunklen Nachthimmel erstrahlten, Streiflichtern gleich, Bilder aus meinem Leben. Und jedes Mal sah ich zwei Fußspuren im Sand, meine eigene und die meines Herrn. Als das letzte Bild an meinen Augen vorübergezogen war, blickte ich zurück. Ich erschrak, als ich entdeckte, dass an vielen Stellen meines Lebensweges nur eine Spur zu sehen war. Und das waren gerade die schwersten Zeiten meines Lebens. Besorgt fragte ich den Herrn: „Herr, als ich anfing, dir nachzufolgen, da hast du mir versprochen, auf allen Wegen bei mir zu sein. Aber jetzt entdecke ich, dass in den schwersten Zeiten meines Lebens nur eine Spur im Sand zu sehen ist. Warum hast du mich allein gelassen, als ich dich am meisten brauchte?" Da antwortete er: „Mein liebes Kind, ich liebe dich und werde dich nie allein lassen, erst recht nicht in Nöten und Schwierigkeiten. Dort, wo du nur eine Spur gesehen hast, da habe ich dich getragen."

Margaret Fishback Powers

4. Beschreibe die Enttäuschung und die Verwunderung des Träumers.

5. Schreibe ein Beispiel für eine schwere Lebenszeit auf.

6. Setze die Aussage „Gott kommt kleiner als wir denken" mit dem Traum in Beziehung.

Wie können Menschen Gott erfahren?

Wenn ich auf dem Seil stehe, dann **vergesse** ich die **Zeit**. Dann vergesse ich **mich** selbst. Es ist für mich das größte **Glücksgefühl**. In diesen Momenten bin ich von allen Problemen **losgelöst**. Das Seil fordert mich jedes Mal neu heraus. Aber ich habe keine Angst.

Gott nahe zu sein ist mein **Glück**.

Psalm 73,28
Einheitsübersetzung

Ich engagiere mich ehrenamtlich in meiner Kirchengemeinde. Ich helfe schon seit einigen Jahren im Konfirmandenunterricht und Kindergottesdienst mit. Das Beste sind die Freizeiten: eine Woche mit anderen Teamern zusammenarbeiten. Gemeinsam an einem Ziel arbeiten und die fröhlichen Kinder sehen – danach bin ich immer total kaputt, aber **glücklich**.

Lena, 15 Jahre

1. Beschreibt die Gefühle des Seilläufers.

2. Sammelt Tätigkeiten, bei denen ihr schon einmal völlig die Zeit vergessen habt.

3. Diskutiert, ob Momente des Glücks Gottesbegegnungen sind.

Projekt: Meditation

Die Reli-Gruppe der Klasse 10 möchte eine Meditation durchführen. Im Vorfeld klärt sie folgende Fragen:

Wo soll die Meditation stattfinden?
Kirche? Aula? Klassenraum?
Welcher Text / welches Bild / welches Lied soll die Grundlage sein?
Wer setzt das Thema kreativ um?
Raumgestaltung? Bilder?

Nachdem sich die Reli-Gruppe für Psalm 65 entschieden hat, beginnen die Vorbereitungen. Eine Gruppe gestaltet den Text am Rechner. Eine andere Gruppe bringt zwei Äste in den Klassenraum und bindet sie zu einem Kreuz zusammen. „Wir legen diese schwarze Decke in die Mitte. Darauf kommen Kerzen und diese Zeichnung von Inga. Da passt euer Kreuz super dazu!", ruft Bernd. Sitzkissen werden auf dem Boden verteilt. Schließlich wird noch der CD-Player vorbereitet, denn als Ausklang der Meditation haben zwei Schülerinnen das Lied „Du bist wie ein Segen" von Xavier Naidoo mitgebracht, in dem auch der Psalm 65 gelesen wird. Dann ist alles soweit …

Der Lehrer beginnt:
Setzt euch bequem hin. Ihr könnt dabei, wenn ihr wollt, euren Kopf aufstützen.
Wir schließen unsere Augen.
Wir atmen ganz ruhig ein und aus. Wir achten auf unseren Atem.
Unser Atem geht ruhig und gleichmäßig.
Unser Herz schlägt ruhig und gleichmäßig.
Unser Puls schlägt ruhig und gleichmäßig.
Die Gedanken kommen und ziehen vorbei wie Wolken. Wir bekämpfen sie nicht – wir lassen sie vorbeiziehen.
In der Stille liest nun jeder den Psalm für sich. Zum Ausklang hören wir das Lied „Du bist wie ein Segen".

A → Z
Reli-Lexikon:
Meditation

Methode:
Blackout Poem
S. 166

4. Beschreibe, worum es bei einer Meditation geht.

5. Bearbeite Psalm 65 mit der Blackout-Poem-Methode.

6. Besprecht euren bearbeiteten Psalm 65 mit einem Partner.

Plus

S. 52–53

Wie reden Jugendliche von Gott?

1. Ordnet die Bilder den fünf großen Religionen zu: Judentum, Christentum, Islam, Buddhismus, Hinduismus.
2. Informiert euch, wie in einer der Religionen von Gott geredet wird.

Verweis:
Abrahamitischer Dialog
▸ Kapitel 13
Dialog mit Hindus und Buddhisten
▸ Kapitel 14

S. 54–55

Wo kommt Gott im Alltag vor?

Deute dieses Bild.

S. 56–57

Wie können Menschen Gott erfahren?

Schreibe dieses „Wort der Weisheit" ab. Gestalte den Text kreativ. Rede dabei kein Wort.

Achte auf deine Gedanken,
denn sie werden deine Worte.
Achte auf deine Worte,
denn sie werden deine Taten.
Achte auf deine Taten,
denn sie werden deine Gewohnheit.
Achte auf deine Gewohnheiten,
denn sie werden dein Charakter.
Achte auf deinen Charakter,
denn er wird dein Schicksal.

Check up

Blick zurück

Du hast darüber nachgedacht, wie Jugendliche von Gott reden. Welche Rolle Gott im Alltag spielt oder spielen kann, hast du mithilfe einer Studie, Bildern aus Werbung und Popkultur und einer Geschichte betrachtet.
Schließlich hast du gelesen, wie junge Menschen Gott erfahren. Du hast Elemente einer Meditation kennengelernt und weißt, dass es ein Weg sein kann, seine innere Ruhe und Gott zu finden.

Schau dir noch einmal das Bild auf S. 50–51 an.
Schreibe auf, was du jetzt anders siehst als zu Beginn des Kapitels.

Du kannst

... religiöse Ausdrucksformen und deren Verwendung in neuen Zusammenhängen in Gesellschaft und Kultur erkennen und beurteilen.
... Gotteserfahrungen entdecken und beschreiben.
... die Grundzüge der Position Friedrich Nietzsches wiedergeben und diskutieren.
... Motive aus der Bibel und christlicher Tradition in populärer Kultur entdecken und erläutern.
... Beispiele nennen, welche Alltagssituationen als Gotteserfahrungen gedeutet werden können.
... davon berichten, dass Momente des Glücks als Gotteserfahrung gedeutet werden können.
... eine kleine religiöse Feier (Meditation) mitgestalten.

Idee

Stell dir vor, Gott hätte tatsächlich einen Briefkasten auf der Erde. Was würdest du ihm schreiben?

Schreibe einen Brief an Gott.

Lob, Fragen und Kritik sind erwünscht!

6 Die Bibel – große Geschichten für das Leben

Wie wahr ist die Bibel?

Warum sollte man biblische Texte kennen?

Was hat die Bibel mit meinem Leben zu tun?

Das Leben in der Bibel entdecken

Verweis:
Abrahamitischer Dialog
▸ Kapitel 13
Dialog mit Hindus und Buddhisten
▸ Kapitel 14

In der Bibel entdecken wir große Erzählungen vom Leben, die der Theologe Horst-Klaus Berg zu sechs Grundaussagen gebündelt hat:

1. Menschen freuen sich, dass sie leben und viele Dinge erleben. Sie bezeugen in der Bibel: Gott schenkt Leben.
2. Sie sind auf andere angewiesen und erleben Gemeinschaft. Gott schenkt ihnen diese Lebensgemeinschaft.
3. Auch Leid und Trauer gehören zum Leben. Die Erzähler der Bibel bekennen, dass Gott mit ihnen leidet und sie trösten kann.
4. Viele Menschen wurden im Lauf der Jahrhunderte unterdrückt. Der Gott der Bibel zeigte sich ihnen als ein befreiender Gott. Gott vergibt und schenkt einen neuen Anfang.
5. Menschen suchen nach Orientierung. Sie bezeugen in der Bibel, dass Gottes Geist sie zur Begeisterung für den Glauben und zur Suche nach einem erfüllten Leben anstiftet.
6. Die Verfasser der biblischen Texte fragen sich, wo ihr Leben hinführt und endet. Sie bekennen: Gott herrscht jetzt und in Ewigkeit.

Methode:
Theologisieren
S. 183

Die ersten zwölf Kapitel der Bibel nennt man Urgeschichte. Hier stehen die Schöpfungserzählungen und bekannte Geschichten wie die von Kain und Abel, Noah oder dem Turmbau zu Babel. Im Anschluss an die Urgeschichte erzählt die Bibel von der ersten historischen Person Abraham.

Abraham ist für Christen, Juden und Muslime eine grundlegende Person ihres Glaubens. Die Bibel erzählt, dass Gott Abraham seinen guten Segen für die nachfolgende Menschheit mitgab:

> Und der HERR sprach zu Abram: Geh aus deinem Vaterland und von deiner Verwandtschaft und aus deines Vaters Hause in ein Land, das ich dir zeigen will. Und ich will dich zum großen Volk machen und will dich segnen und dir einen großen Namen machen, und du sollst ein Segen sein. Ich will segnen, die dich segnen, und verfluchen, die dich verfluchen; und in dir sollen gesegnet werden alle Geschlechter auf Erden.
>
> 1. Mose 12,1–3

1. Sucht zu den sechs Grundaussagen passende biblische Geschichten, die ihr kennt.

2. Bezieht die Grundaussagen auf den Beginn des Bundes Gottes mit Abraham in 1. Mose 12,1–3.

3. Theologisiert über eine Grundaussage eurer Wahl.

Die Geschichten der Bibel zeugen von Erfahrungen, die Menschen in ihrem Leben gemacht haben. Diese Erfahrungen sind oftmals überraschend und kaum erklärbar. Menschen deuten sie als Gottesbegegnung.
Mitten im Leben von Mose ereignet sich eine Gottesbegegnung, die für das Volk Israel bzw. für das spätere Judentum grundlegend ist.

Mose aber trieb die Schafe über die Steppe hinaus und kam an den Berg Gottes, den Horeb. Und er sah, dass der Busch im Feuer brannte und doch nicht verzehrt wurde. Da sprach er: Ich will hingehen und die wundersame Erscheinung besehen, warum der Busch nicht verbrennt. Als aber der HERR sah, dass er hinging, um zu sehen, rief Gott ihn aus dem Busch und sprach: Mose, Mose! Er antwortete: Hier bin ich. Gott sprach: Tritt nicht herzu, zieh deine Schuhe von deinen Füßen; denn der Ort, darauf du stehst, ist heiliges Land! Und er sprach weiter: Ich bin der Gott deiner Väter, der Gott Abrahams, der Gott Isaaks und der Gott Jakobs.

Und Mose verhüllte sein Angesicht; denn er fürchtete sich, Gott anzuschauen. Und der HERR sprach: Ich habe das Elend meines Volks in Ägypten gesehen und ihr Geschrei über ihre Bedränger gehört; ich habe ihre Leiden erkannt. Und ich bin herniedergefahren, dass ich sie errette aus der Ägypter Hand und sie herausführe aus diesem Lande in ein gutes und weites Land, in ein Land, darin Milch und Honig fließt. Mose sprach zu Gott: Siehe, wenn ich zu den Israeliten komme und spreche zu ihnen: Der Gott eurer Väter hat mich zu euch gesandt, und sie mir sagen werden: Wie ist sein Name?, was soll ich ihnen sagen? Gott sprach zu Mose: Ich werde sein, der ich sein werde. Und sprach: So sollst du zu den Israeliten sagen: „Ich werde sein", der hat mich zu euch gesandt.

nach 2. Mose 3,1–14

4. ❀ Erzählt euch die Geschichten von den Vätern Isaak, Jakob und Josef, die euch bekannt sind.

5. Bezieht die Erzählung nach 2. Mose 3,1–14 auf die sechs Grundaussagen.

6. Der Bibeltext in 2. Mose 3,1–14 ist für das Judentum grundlegend. Findet eine Erklärung.

Das Leben mit der Bibel gestalten

Du feuchtest die Berge von oben her, du machst das Land voll Früchte, die du schaffest. Du lässest Gras wachsen für das Vieh und Saat zu Nutz den Menschen, dass du Brot aus der Erde hervorbringst, dass der Wein erfreue des Menschen Herz und sein Antlitz schön werde vom Öl und das Brot des Menschen Herz stärke. Die Bäume des HERRN stehen voll Saft, die Zedern des Libanon, die er gepflanzt hat. Dort nisten die Vögel, und die Reiher wohnen in den Wipfeln. Die hohen Berge geben dem Steinbock Zuflucht und die Felsklüfte dem Klippdachs. Du hast den Mond gemacht, das Jahr danach zu teilen; die Sonne weiß ihren Niedergang. Du machst Finsternis, dass es Nacht wird; da regen sich alle wilden Tiere, die jungen Löwen, die da brüllen nach Raub und ihre Speise suchen von Gott. Wenn aber die Sonne aufgeht, heben sie sich davon und legen sich in ihre Höhlen. So geht dann der Mensch aus an seine Arbeit und an sein Werk bis an den Abend. HERR, wie sind deine Werke so groß und viel! Du hast sie alle weise geordnet, und die Erde ist voll deiner Güter.

Psalm 104,13–24

Viele nahmen die Botschaft an, die Petrus ihnen verkündete, und ließen sich taufen. Durch Gottes Wirken wuchs die Gemeinde an diesem Tag um etwa dreitausend Personen. Was das Leben der Christen prägte, waren die Lehre, in der die Apostel sie unterwiesen, ihr Zusammenhalt in gegenseitiger Liebe und Hilfsbereitschaft, das Mahl des Herrn und das Gebet.

Apostelgeschichte 2,41–42
Neue Genfer Übersetzung

1. Ergänze weitere Sätze zu Psalm 104.

2. Wähle in Partnerarbeit einen der biblischen Texte aus und beziehe ihn auf das Foto.

3. Findet weitere Bilder, die zu den biblischen Texten passen. Dazu könnt ihr euch auch eigene Fotomotive überlegen.

Ich verstehe selbst nicht, warum ich so handle, wie ich handle. Denn ich tue nicht das, was ich tun will; im Gegenteil, ich tue das, was ich verabscheue. Und das bedeutet: Der, der handelt, bin nicht mehr ich, sondern die Sünde, die in mir wohnt. Obwohl es mir nicht am Wollen fehlt, bringe ich es nicht zustande, das Richtige zu tun. Ich tue nicht das Gute, das ich tun will, sondern das Böse, das ich nicht tun will. Zwar stimme ich meiner innersten Überzeugung nach dem Gesetz Gottes mit Freude zu, doch in meinem Handeln sehe ich ein anderes Gesetz am Werk. Es steht im Kampf mit dem Gesetz, dem ich innerlich zustimme, und macht mich zu seinem Gefangenen. Ich unglückseliger Mensch! Wird mich denn niemand aus diesem elenden Zustand befreien? Doch! Und dafür danke ich Gott durch Jesus Christus, unseren Herrn. Müssen wir denn nun noch damit rechnen, verurteilt zu werden? Nein, für die, die mit Jesus Christus verbunden sind, gibt es keine Verurteilung mehr.

Römer 7,14–8,1
Neue Genfer Übersetzung

Danach sah ich einen neuen Himmel und eine neue Erde. Der frühere Himmel und die frühere Erde waren vergangen; auch das Meer gab es nicht mehr. Ich sah die heilige Stadt, das neue Jerusalem, von Gott aus dem Himmel herabkommen, schön wie eine Braut, die sich für ihren Bräutigam geschmückt hat. Und vom Thron her hörte ich eine mächtige Stimme rufen: „Seht, die Wohnung Gottes ist jetzt bei den Menschen! Gott wird in ihrer Mitte wohnen; sie werden sein Volk sein – ein Volk aus vielen Völkern, und er selbst, ihr Gott, wird immer bei ihnen sein. Er wird alle ihre Tränen abwischen. Es wird keinen Tod mehr geben, kein Leid und keine Schmerzen, und es werden keine Angstschreie mehr zu hören sein. Denn was früher war, ist vergangen." Daraufhin sagte der, der auf dem Thron saß: „Seht, ich mache alles neu."

Offenbarung 21,1–4
Neue Genfer Übersetzung

4. Finde Beispiele für das, was Paulus im Römerbrief beschreibt.

5. Begründe, inwiefern der Text aus der Offenbarung heute schon das Leben bereichern kann.

6. Vergleiche die vier Textarten auf dieser Doppelseite.

Die Bibel – Das Buch des Lebens

Die Bibel ist nicht dazu da, dass wir sie kritisieren, sondern dazu, dass sie uns kritisiert.

Sören Kierkegaard,
dänischer Theologe und Philosoph

Die meisten Menschen haben Schwierigkeiten mit den Bibelstellen, die sie nicht verstehen. Ich für meinen Teil muss zugeben, dass mich gerade diejenigen Bibelstellen beunruhigen, die ich verstehe.

Mark Twain,
amerikanischer Schriftsteller

Die Bibel ist für meine Familie und mich sehr wichtig. Für mich ist die Bibel wie ein Handbuch für mein Leben. Ich glaube, dass Gott uns dieses Handbuch gegeben hat, um ihn besser zu verstehen und in dieser Welt besser leben zu können. Durch das Bibellesen habe ich persönlich schon sehr viel gelernt und es kommt sicherlich noch vieles hinzu.

Lúcio (Lucimar da Silva Ferreira),
Kapitän der brasilianischen
Nationalmannschaft

In der Bibel begegnet uns das Wort Gottes, das unser Leben verändern kann, ihm Orientierung gibt und uns in die Tradition unserer Mütter und Väter im Glauben stellt. Die Bibel bringt uns Jesus Christus nahe, dessen Leben Gottes Liebeserklärung an die Welt ist. Sie lehrt uns, daran festzuhalten, dass alle Menschen als unverwechselbare Geschöpfe Gottes geachtet werden. Die Bibel ist Grundlage für das Vertrauen, dass Gottes Liebe über den Tod hinaus trägt und dem Leben Sinn gibt, auch wenn der Lebensweg durch Krisen und Leiden führt.
Das Buch der Bücher hat mit seiner Prägekraft auf entscheidende Weise zur Gestaltung des europäischen Kulturkreises beigetragen. Daraus ergibt sich zugleich, dass die Kenntnis der Bibel Voraussetzung ist für das Verständnis der eigenen Kultur. Die Grundfesten unserer Gesellschaft wie Gemeinschaftssinn, Verantwortungsbewusstsein und Nächstenliebe ruhen auf dem biblischen Fundament.

Wolfgang Huber, ehemaliger Bischof von
Berlin-Brandenburg und Ratsvorsitzender
der Evangelischen Kirche in Deutschland (EKD

1. Nenne die Gemeinsamkeiten und Unterschiede der Zitate in den Kästen.

2. Nimm Stellung zu einem ausgewählten Zitat.

3. Nenne die Argumente Hubers dafür, dass die Bibel ein Buch des Lebens sei.

Die Lutherbibel ist die klassische deutsche Bibelübersetzung. Martin Luther gestaltete sein Leben mit der Bibel und nutzte seinen unfreiwilligen Aufenthalt auf der Wartburg im Winter 1521/22, um das Neue Testament in der Rekordzeit von nur 10 Wochen aus dem Griechischen ins Deutsche zu übersetzen. 1534 konnte dann die gesamte Bibel in deutscher Sprache erscheinen, an deren Vervollkommnung Luther bis zu seinem Lebensende weitergearbeitet hat.

Als Grundlage für sein Verständnis der Bibel galt ihm Gottes Heilstat in Jesus Christus. Um dieses möglichst verständlich zu machen, hat Luther nach dem Grundsatz übersetzt: „Dem Volk aufs Maul schauen."

Er achtete auf die Umgangssprache der Deutschen. Dadurch konnte er die Sprache der Deutschen, die regional unterschiedlich war, in der Bibel vereinheitlichen.

Heutige alltägliche Redewendungen stammen aus der Lutherbibel:

Hochmut kommt vor dem Fall.

nach Sprüche 16,18

Wer andern eine Grube gräbt, fällt selbst hinein.

nach Prediger 10,8

Alte und neue Bibelübersetzungen von Römer 3,28:

Luther 1912: So halten wir nun dafür, daß der Mensch gerecht werde ohne des Gesetzes Werke, allein durch den Glauben.

Luther 1984: So halten wir nun dafür, dass der Mensch gerecht wird ohne des Gesetzes Werke, allein durch den Glauben.

Die Volxbibel 2005: Ich fasse nochmal zusammen: Nicht weil ich so toll gelebt habe, werden meine Schulden bezahlt, die ich bei Gott hatte, sondern nur weil ich mein Vertrauen auf Jesus Christus setze.

Basisbibel 2010: Denn wir sind der Überzeugung, dass der Mensch allein aufgrund des Glaubens als gerecht gilt – unabhängig davon, ob er das Gesetz befolgt.

Neue Genfer Übersetzung 2011: Denn wir gehen davon aus, dass man aufgrund des Glaubens für gerecht erklärt wird und nicht, weil man bestimmte Gesetzesvorschriften einhält.

Methode:
Theologisieren
S. 183

4. Stelle Luthers Motivation und Überlegungen zur Bibelübersetzung dar.

5. Beurteilt in Partner- oder Gruppenarbeit die Sprache, Gemeinsamkeiten und Unterschiede der Übersetzungen.

6. Theologisiert über die Aussage in Röm 3,28.

Plus

Das Leben in der Bibel entdecken

S. 62–63

Das Leben beinhaltet auch das Scheitern und Leiden. Erläutere anhand der Erzählungen von Abraham, Isaak, Jakob, Joseph oder Mose, dass Scheitern und Leiden auch zum Glaubensleben gehören.

Das Leben mit der Bibel gestalten

S. 64–65

Entwirf einen Psalm, der zugleich Trauer und Freude enthält.

Die Bibel – das Buch des Lebens

S. 66–67

Deutsche ab 16 Jahren lesen die Bibel:

Umfrage des Instituts für Demoskopie, Allensbach

> Wer die europäische Kultur verstehen will, kommt an der Bibel nicht vorbei. Viele ihrer Motive finden sich in Kunst und Literatur wieder, viele heute noch gebräuchliche Redewendungen und Metaphern sind auf sie zurückzuführen. Als bedeutendes Kulturgut ist sie integraler Bestandteil des Bildungsauftrages von Schule und Religionsunterricht. Mit unserer Arbeit unterstützen wir Sie darin, jungen Menschen grundlegende Kenntnisse der Bibel verständlich und spannend zu vermitteln.
>
> Deutsche Bibelgesellschaft

Vergleiche die Statistik mit dem Ziel der Deutschen Bibelgesellschaft. Nenne kreative Möglichkeiten, wie dieses Ziel erreicht werden kann.

Check up

Blick zurück

Du weißt, dass es in der Bibel verschiedene Arten von Texten und Geschichten gibt. Du hast außerdem herausgefunden, wie sich die Bibelübersetzung verändert hat. Du hast entdeckt, dass Menschen die Erfahrungen mit Gott in den biblischen Texten auf sich und ihr Leben beziehen können. Du kennst Möglichkeiten, wie die Bibel in besonderen Situationen helfen kann.
Betrachte noch einmal die Fragen auf S. 60–61. Schreibe auf, was du jetzt anders siehst als zu Beginn des Kapitels.

Du kannst

… die Bedeutung der biblischen Texte beschreiben.
… die verschiedenen Textarten der Bibel unterscheiden.
… die Erfahrungen mit Gott in den biblischen Geschichten erkennen.
… von Menschen erzählen, denen die Bibel in ihrem Leben wichtig ist.
… dich in der Bibel orientieren und dir bekannte Texte nachschlagen.
… einen Bibeltext finden und in den Gesamtzusammenhang einordnen.
… Kunstbilder mit einem passenden Bibeltext verknüpfen.

Idee

Einem Bibeltext kann man sich auf unterschiedliche Weise nähern. Wendet in der Reli-Gruppe die Form des „Bibelteilens“ beispielhaft auf Apostelgeschichte 8,26–40 an. Dabei geht ihr folgendermaßen vor:

1. **Stille** (ungefähr eine Minute): Wer möchte, kann auch im Stillen beten.
2. **Lesen:** Zwei Personen lesen nacheinander den Text laut vor.
3. **Verweilen:** Jede und jeder kann einzelne Wörter oder kurze Satzabschnitte mehrmals kommentarlos laut aussprechen; anschließend wird der Text erneut vorgelesen.
4. **Schweigen:** Für einige Minuten überdenkst du in der Stille den Text und was er für dich und dein Leben bedeutet.
5. **Mitteilen:** Jede und jeder teilt nun die Überlegungen einer Partnerin oder einem Partner mit.
6. **Austauschen:** In der Reli-Gruppe sucht ihr nach der Bedeutung des Textes für die Reli-Gruppe.
7. **Stille** (ungefähr eine Minute): Wer möchte, kann auch im Stillen beten.

7 Man sieht sich. Vom Weggehen und Wiederkommen Jesu

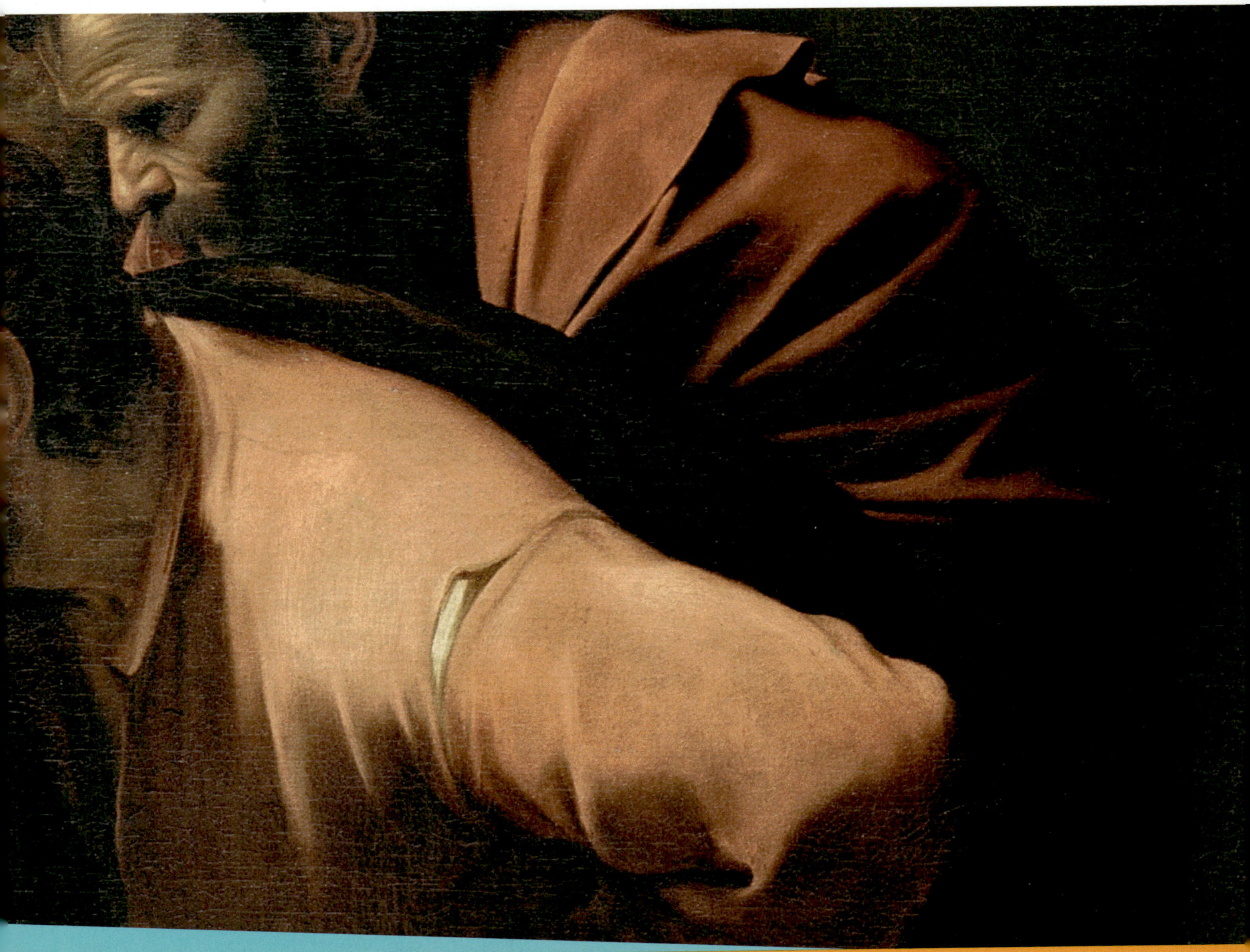

Was war Jesus für ein Mensch?

Wie lässt sich sein Tod deuten?

Wie kann man Auferstehung verstehen?

Weihnachten oder was Menschen wünschen

... und genau da ist auch Gott

A → Z

Reli-Lexikon:
Georges de La Tour
Predigt

Georges de La Tour: Das Neugeborene, 1645–1648

Aus einer Weihnachtspredigt

Verweis:
Beziehungen eingehen
▸ Kapitel 2

Liebe Gemeinde,

in vielen Familien gibt es die Tradition, zu Weihnachten eine Krippe aufzustellen. In jeder Krippe findet sich auch ein Neugeborenes. Alle wissen, dass Jesus nicht wirklich in der Krippe liegt, dass die Figur ein Symbol ist. Heute Nacht sage ich: Jesus ist nicht nur in den festlich geschmückten Wohnzimmern. Er ist da, wo Menschen Gott suchen. Er ist da, wo das Gute getan wird. Er ist da, wo Menschen aufmerksam für andere sind. Wenn das passiert, ist Gott ganz nah. Und umgekehrt gilt: Gott sucht die Menschen. Er will zu ihnen, auch wenn die Sache mit dem Guten nicht immer funktioniert. Er weiß, dass die Geschenke mehr bedeuten als ihr Preis, dass die Menschen heute auch an andere denken, dass die Karte für die Nachbarin oder den Kollegen in der Firma eingesteckt ist. Jesus sagt es so: Was ihr einem meiner geringsten Brüder getan habt, das habt ihr mir getan!
Und ich sage: Wenn das passiert, ist Weihnachten und genau so ist Gott. Amen.

Pfarrerin Irene Seifert

1. Erzähle die Weihnachtsgeschichte nach Lk 2,1–20.

2. Erläutere Zusammenhänge zwischen dem Bild und der Weihnachtspredigt.

3. Formuliere einen Text für eine Grußkarte, die zu Weihnachten verschickt werden kann.

Und das Licht scheint in der Finsternis

1942 kämpfte die deutsche Wehrmacht gegen die Rote Armee in Stalingrad, heute Wolgograd, einen aussichtslosen Kampf. Große Teile der deutschen Streitkräfte waren eingekesselt und von der Versorgung abgeschnitten worden. Die Soldaten litten unter Hunger, Kälte und Krankheit. Eine Kapitulation war den Einheiten verboten worden.

Der Lazarettarzt und Pfarrer Dr. Kurt Reuber (1906–1944) zeichnete auf die Rückseite eines militärischen Lageplans mit Holzkohle ein Weihnachtsmotiv, das für Heiligabend in einem Unterstand ausgestellt wurde. Viele deutsche Soldaten besuchten in den Weihnachtstagen 1942/1943 diese Erdhöhle.

Im Januar 1943 wurde das Bild mit einem der letzten Flugzeuge ausgeflogen und Kurt Reubers Familie übergeben. Er selbst starb 1944 in sowjetischer Kriegsgefangenschaft an Typhus.

Das Original seiner „Madonna von Stalingrad“ befindet sich heute in der Berliner Gedächtniskirche. Kopien finden sich u. a. in Wolgograd und Coventry.

In seinem Adventsbrief von 1942 schrieb Kurt Reuber an seine Frau und seine Kinder:

Kurt Reuber: Madonna von Stalingrad, 1942

„Das Bild ist so: Kind und Mutterkopf zueinander geneigt, von einem großen Tuch umschlossen, Geborgenheit und Umschließung von Mutter und Kind. Mir kamen die johanneischen Worte: Licht, Leben, Liebe. Was soll ich dazu noch sagen? Wenn man unsere Lage bedenkt, in der Dunkelheit, Tod und Hass umgehen – und unsere Sehnsucht nach Licht, Leben, Liebe, die so unendlich groß ist in jedem von uns!“

A → Z

Reli-Lexikon: Stalingrad

Methode: Holzkohlezeichnung S. 168

4. Beschreibe die Beziehung zwischen Mutter und Kind auf der Zeichnung Kurt Reubers.

5. Interpretiere den Auszug aus Reubers Adventsbrief von 1942.

6. ✿ Gestalte ein eigenes Weihnachtsmotiv in Holzkohletechnik.

Der Sohn des Zimmermanns

A → Z

Reli-Lexikon:
Charisma
Gleichnis
Messias
Palästina
Römer
Steuerpächter

Heute ist dieses Wort erfüllt worden

Jesus lebte in Nazareth, er wurde ungefähr 30 Jahre alt. Im Neuen Testament werden die Namen seiner Eltern und Geschwister genannt. Jesus war wie sein Vater Josef Zimmermann. Damit gehörte die Familie zu einer Schicht mit gesichertem Einkommen, die von Bauern und Handwerkern gebildet wurde. Daneben gab es auch wenige wohlhabende Personen. Die meisten Bewohner lebten jedoch am Existenzminimum. Ihre soziale Not entstand aus einer erdrückenden römischen Steuerlast, die durch einheimische Steuerpächter eingezogen wurde. Nach mehreren jüdischen Aufständen wurde Jerusalem zur verbotenen Zone erklärt. Die symbolische Kraft des Landes sollte zerstört werden, indem die Römer es Palästina nannten. Den meisten Juden blieb nur die Hoffnung auf Gott und auf einen Retter, der im Judentum Messias genannt wurde. In einer Gottesbegegnung erhielt Jesus ungewöhnliche Gaben und entwickelte außerordentliche geistliche Fähigkeiten. Mit Versen der Tora protestierte er gegen Unrecht und ermutigte die Menschen zur Umkehr. Jesus wurde zur Hoffnung der Armen und Unterdrückten.

Und er kam nach Nazareth, wo er aufgewachsen war, und ging nach seiner Gewohnheit am Sabbat in die Synagoge und stand auf und wollte lesen. Da wurde ihm das Buch des Propheten Jesaja gereicht […]: „Der Geist des Herrn ist auf mir, weil er mich gesalbt hat, zu verkündigen das Evangelium den Armen; er hat mich gesandt, zu predigen den Gefangenen, dass sie frei sein sollen, und den Blinden, dass sie sehen sollen, und den Zerschlagenen, dass sie frei sein sollen […].“
Und als er das Buch zutat, gab er's dem Diener und setzte sich. Und aller Augen in der Synagoge sahen auf ihn. Und er fing an, zu ihnen zu reden: Heute ist dieses Wort der Schrift erfüllt vor euren Ohren. […] Und sie wunderten sich, dass solche Worte aus seinem Munde kamen, und sprachen: Ist das nicht Josefs Sohn?

Lukas 4,16–22

1. Entwickle mithilfe folgender Bibelstellen Nachrichten aus dem antiken Israel: Lk 12,16 f.; Lk 15,11 f.; Lk 16,19 f.; Lk 19,1 f.

2. Formuliere eine Personenbeschreibung für Jesus von Nazareth.

3. Deute den Abschnitt aus der Bibel im Kontext von Charisma und Messianität.

... dass wir geborgen sind.

Jesus sprach in Bildworten, den Gleichnissen, vom Reich Gottes. Dabei griff er auf Alltagssituationen zurück, die seine Mitmenschen kannten und die allen verständlich waren.

Darum, wer diese meine Rede hört und tut sie, der gleicht einem klugen Mann, der sein Haus auf Fels baute. Als nun ein Platzregen fiel und die Wasser kamen und die Winde wehten und stießen an das Haus, fiel es doch nicht ein; denn es war auf Fels gegründet. Und wer diese meine Rede hört und tut sie nicht, der gleicht einem törichten Mann, der sein Haus auf Sand baute. Als nun ein Platzregen fiel und die Wasser kamen und die Winde wehten und stießen an das Haus, da fiel es ein und sein Fall war groß.

Matthäus 7,24–27

Interview mit Markus Löber, Zimmermann

Wie entstehen ihre Holzhäuser?
Die Fertigteile werden in einer Werkhalle vormontiert. Ein Spezialtransporter bringt die Teile auf die Baustelle. Meine Zimmerleute richten die Wände auf und setzen den Dachstuhl. Dann feiern alle das Richtfest.

Was hat es mit dem Richtfest auf sich?
Der Zimmermann spricht einen Richtspruch und gratuliert dem Bauherren. Dieser dankt den Zimmerleuten und schlägt symbolisch einen Nagel ein. So wird *das* Haus zu *seinem* Haus. Damit es aber ein *Zuhause* wird, ein Ort, an dem Menschen sich wohl und sicher fühlen, braucht es mehr.

Haben Sie ein Beispiel?
Folgenden Richtspruch sprechen wir öfter:

Wir wollen gratulieren,
gerichtet ist das Haus,
hat Fenster und hat Türen
und sieht gar stattlich aus.
Der Maurer hat's gemauert,
der Zimmerer überdacht;
doch dass es hält und dauert,
das steht in Gottes Macht.
Schützt auch das Dach vor Regen,
die Mauer vor dem Wind,
so ist doch aller wegen
an Gott allein gelegen,
dass wir geborgen sind.

Ist das so etwas wie Segen?
Das könnte sein. Das Haus soll die Bewohner behüten. Man bittet Gott um Geborgenheit. Das klingt fast wie ein Gebet. Nicht alle Zimmerleute glauben an Gott, aber der Richtspruch muss gesagt sein. Der Richtspruch ist sozusagen der letzte Nagel, den soll Gott einschlagen.

A → Z

Reli-Lexikon:
Reich Gottes

4. Vergleiche Jesu Rede „Vom Hausbau" aus Mt 7,24–27 mit dem Richtspruch der Zimmerleute.

5. Deute das Symbol des letzten Nagels beim Richtfest.

6. Gestaltet Dankesreden zu verschiedenen Anlässen.

Durch seine Wunden sind wir geheilt

Seinen Tod deuten

A → Z

Reli-Lexikon:
Konstantinische Wende
Kreuzigung
Kreuzweg
Tora

Die Kreuzigung war eine weit verbreitete Hinrichtungsart. Der Tod sollte möglichst langsam eintreten. Man nagelte die Delinquenten an einen Holzbalken. Neben der Qual und den Schmerzen wurden die Verurteilten öffentlich gedemütigt. Im Römischen Reich wurden politische Gegner oder aufständische Sklaven gekreuzigt. Den Hinrichtungsgrund schrieb man auf eine Tafel (vgl. Mk 15,26). Römische und jüdische Quellen belegen glaubhaft, dass der Jude Jesus von Nazareth unter Pontius Pilatus gekreuzigt wurde, weil durch ihn ein öffentlicher Aufruhr in Jerusalem entstanden war.
Nach der Konstantinischen Wende von 313 wurde die Kreuzigung abgeschafft.

Die Tora neu verstehen

Nach Jesu Tod fragten sich die Jünger, warum er so brutal sterben musste. In der Tora fanden sie Texte, in denen von einem leidenden Diener Gottes gesprochen wurde. Darin erkannten sie Jesus wieder. Was er gesagt und getan hatte, wurde neu verstanden und bekam eine tiefere Bedeutung. Jesus musste der angekündigte Messias sein.

Fürwahr, er trug unsre Krankheit und lud auf sich unsre Schmerzen. Wir aber hielten ihn für den, der geplagt und von Gott geschlagen und gemartert wäre. Aber er ist um unsrer Missetat willen verwundet und um unsrer Sünde willen zerschlagen. Die Strafe liegt auf ihm, auf dass wir Frieden hätten, und durch seine Wunden sind wir geheilt.

Jesaja 53,4 f.

1. Stelle Zusammenhänge zwischen Jesu Hinrichtung und dem Zitat des Propheten Jesaja her.
2. Deute die Figuren des Kreuzweges von Michael Scholl.
3. Formuliere Gründe, die zur Abschaffung der Kreuzigung geführt haben könnten.

Nichts. Was im Leben wichtig ist

Die dänische Schriftstellerin Janne Teller veröffentliche 2000 das gleichnamige umstrittene Jugendbuch.

Im dänischen Tæring verlässt Pierre Anthon eines Tages die Schule mit den Worten: „Nichts bedeutet irgendwas, deshalb lohnt es sich nicht, irgendwas zu tun." Seine Mitschüler sind irritiert und suchen nach Beweisen für das Gegenteil, nach Dingen, die eine Bedeutung haben.

Zu Beginn trägt man Kleinigkeiten auf einem „Berg der Bedeutung" zusammen. Doch dann werden Dinge geopfert, die für jeden eine hohe Bedeutung haben: Lieblingssandalen, Boxhandschuhe, das Rennrad. Man beginnt, die Bedeutung am Verlust zu messen: Hussein muss seinen Gebetsteppich opfern, Kai das Kruzifix seiner Kirche, Elise den Sarg ihres verstorbenen Bruders, Rosa den Kopf der Hündin und der Gitarrist Jan-Johan seinen rechten Zeigefinger.

Ein Museum kauft den „Berg der Bedeutung", für dessen Wert man Geld bekommt. Doch das zeigt nur, dass die unter Schmerzen hingegebenen Dinge nichts bedeuten, sonst würde man sie nicht verkaufen, so der Vorwurf Pierre Anthons.

Daraufhin wird er von der Gruppe getötet. Er trägt die Schuld, so sagen sie, dass die Lust am Leben, an der Zukunft verloren ist, dass das Nichts jede Bedeutung genommen hat. Ein Satz Pierre Anthons bleibt für alle über Jahre im Gedächtnis: „Wenn sterben so leicht ist, dann deshalb, weil der Tod keine Bedeutung hat. Und wenn der Tod keine Bedeutung hat, dann deshalb, weil das Leben keine Bedeutung hat. Aber amüsiert euch gut!"

Methode:
Text-Bild-Collage
S. 181

4. Beschreibe Zusammenhänge zwischen dem letzten Satz Pierre Anthons und dem Zitat aus Jes 53,4 f.

5. Erläutere das Symbol „Berg der Bedeutung".

6. Deute das Foto und gestalte eine Text-Bild-Collage zum Thema „Was im Leben wichtig ist".

Nicht mutlos werden

Er ist von mir gesehen worden

Im Jahr 55 n. Chr. schickte Paulus an die christliche Gemeinde in Korinth einen Brief, in dem er über die Auferstehung Christi schrieb:

Als Erstes habe ich euch weitergegeben, was ich auch empfangen habe: Dass Christus gestorben ist für unsre Sünden nach der Schrift; und dass er begraben worden ist; und dass er auferstanden ist am dritten Tage nach der Schrift; und dass er gesehen worden ist von Kephas (Petrus), danach von den Zwölfen. Danach ist er gesehen worden von mehr als fünfhundert Brüdern auf einmal [...]. Zuletzt von allen ist er auch von mir gesehen worden. Denn ich bin der geringste unter den Aposteln, der ich nicht wert bin, dass ich ein Apostel heiße, weil ich die Gemeinde Gottes verfolgt habe.

1. Korinther 15,3 f.

Sie hörten nur die Stimme

Der Verfasser des Lukasevangeliums interpretierte im Jahr 90 n. Chr. die Notiz aus dem 1. Korintherbrief, in dem er schrieb, dass Paulus, der zuvor Saulus hieß, die christliche Gemeinde verfolgte und zu diesem Zweck nach Damaskus unterwegs war:

Als er aber auf dem Wege war und in die Nähe von Damaskus kam, umleuchtete ihn plötzlich ein Licht vom Himmel; und er fiel auf die Erde und hörte eine Stimme, die sprach zu ihm: Saul, Saul, was verfolgst du mich? Er aber sprach: Herr, wer bist du? Der sprach: Ich bin Jesus, den du verfolgst [...]. Die Männer aber, die seine Gefährten waren, standen sprachlos da; denn sie hörten zwar die Stimme, aber sahen niemanden. Saulus aber richtete sich auf von der Erde; und als er seine Augen aufschlug, sah er nichts.

Apostelgeschichte 9,3 f.

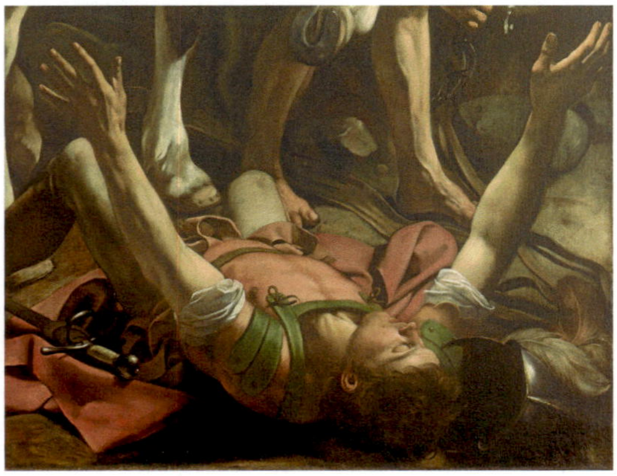

Caravaggio: Bekehrung des Paulus, um 1604

A → Z

Reli-Lexikon:
Auferstehung
Caravaggio

1. Fasse das erste christliche Bekenntnis über die Auferstehung Christi in Stichworten zusammen.

2. Vergleiche die Briefnotiz des Paulus mit der Darstellung des Lukas.

3. Deute die Lichtgestaltung und Körperhaltung des Paulus in der Darstellung Caravaggios.

Keiner von uns weiß, was er wirkt und Menschen gibt

Noch ein anderes bewegt mich, wenn ich an meine Jugend zurückdenke: die Tatsache, dass so viele Menschen mir etwas gaben oder etwas waren, ohne dass sie es wussten. Solche, mit denen ich nie ein Wort gewechselt habe, ja auch solche, von denen ich nur erzählen hörte, haben einen bestimmten Einfluss auf mich ausgeübt. Sie sind in mein Leben eingetreten und Kräfte in mir geworden. Gar manches, was ich sonst nicht so klar empfunden und so entschieden getan hätte, empfinde und tue ich so, weil ich wie unter dem Zwang jener Menschen stehe. Darum kommt es mir immer vor, als ob wir alle immer geistig von dem lebten, was uns Menschen in bedeutungsvollen Stunden unseres Lebens gegeben haben. Diese bedeutungsvollen Stunden kündigen sich nicht an, sondern kommen unerwartet. Auch nehmen sie sich nicht großartig aus, sondern unscheinbar. Ja, manchmal bekommen sie ihre Bedeutung für uns erst in der Erinnerung, wie uns die Schönheit einer Musik oder einer Landschaft manchmal erst in der Erinnerung aufgeht. Vieles, was an Sanftmut, Gütigkeit, Kraft zum Verzeihen, Wahrhaftigkeit, Treue, Ergebung in Leid unser geworden ist, verdanken wir Menschen, an denen wir solches erlebt haben, einmal in einem großen, einmal in einem kleinen Begebnis. Ein Leben gewordener Gedanke sprang wie ein Funke in uns hinein und zündete … So weiß auch keiner von uns, was er wirkt und was er Menschen gibt. Es ist für uns verborgen und soll es bleiben. Manchmal dürfen wir ein klein wenig davon sehen, um nicht mutlos zu werden.

Albert Schweitzer

A → Z

Reli-Lexikon:
Albert Schweitzer

4. Erläutere die Überschrift des Textes.

5. Diskutiere in der Reli-Gruppe, inwiefern Schweitzers Erinnerungen von Auferstehung sprechen.

6. Fotografiere Alltagssituationen, die Spuren von Weihnachten und Ostern enthalten.

Plus

S. 72–73

Methode:
Internetrecherche
S. 171

Weihnachten oder was Menschen wünschen

1. Vergleiche den Stammbaum Jesu aus Lk 3,23 f. mit der Abstammungsliste aus Mt 1,1 f.
2. Recherchiere im Reli-Lexikon und im Internet Zusatzinformationen zur Schlacht von Stalingrad von 1942/1943.

S. 74–75

Methode:
Dialog schreiben
S. 167

Der Sohn des Zimmermanns

1. Schreibe einen Dialog für die Menschen, die Augen- und Ohrenzeugen der Szene in der Synagoge werden.
2. Finde und beschreibe weitere Berufe, in denen Gebete und symbolische Handlungen dazugehören.

S. 76–77

Durch seine Wunden sind wir geheilt

1. Erläutere die Symbolik von Straßenkreuzen.
2. Formuliere eine Antwort auf Pierre Anthons letzten Satz.

S. 78–79

Methode:
Interview
S. 172

Nicht mutlos werden

1. Schreibe ein Gedicht zu den Paulus-Texten über „Sehen und Gesehenwerden“.
2. Entwirf Fragen für ein Interview, das die „bedeutungsvollen Stunden“ in den Blick nimmt.

Check up

Blick zurück

Du hast darüber nachgedacht, was Jesus für ein Mensch war.
Du hast dir überlegt, wie durch Interpretationen der Tod und das Leben von Menschen unterschiedlich bewertet werden können.
Du hast mit den anderen der Reli-Gruppe besprochen, wie Gotteserfahrungen den Alltag von Menschen verändern können.

Schau dir noch einmal das Bild auf S. 70–71 an. Schreibe auf, was du jetzt anders siehst als zu Beginn des Kapitels.

Du kannst

... eine Weihnachtspredigt erklären.
... die Bedeutung von Familie und Geborgenheit erläutern.
... Zusammenhänge zwischen den gesellschaftlichen Umständen und dem messianischen Bewusstsein Jesu erläutern.
... religiöse Symbole des Alltags deuten.
... erklären, wie die ersten Christen das Leiden und den Tod Jesu deuteten.
... eigene Deutungen für den Zusammenhang von Leid, Tod und Leben formulieren.
... Unterschiede zwischen dem Auferstehungsbekenntnis des Paulus und dessen Interpretation benennen.
... vielfältige Interpretationen von Auferstehung beurteilen.

Idee

Präsentiert in der Reli-Gruppe Filme, die von Auferstehung erzählen, ohne dass Jesus in ihnen vorkommt.

8 Mach was draus. Damit das Leben echt wird.

Wie spricht Jesus von Gott?

Wovon lebt der Mensch?

Was fehlt zum echten Leben?

Von Gott reden mit Bildern der Welt

Widerstand leisten

A → Z

Reli-Lexikon:
Essener
Jerusalemer Tempel
Messias
Pharisäer
Römer
Sadduzäer
Titusbogen
Zeloten

Zur Zeit Jesu war Israel von römischen Truppen besetzt. Die Warenproduktion und der Handel unterlagen einer intensiven Besteuerung. Davon waren alle Bevölkerungsschichten betroffen: Sklaven, Tagelöhner, freie Bauern, Handwerker, wohlhabende Latifundienbesitzer. Das Land verarmte und viele suchten ihr Glück im Ausland. Umstritten war, wie man sich gegenüber den römischen Besatzern verhalten sollte. Während die Sadduzäer mit ihnen zusammenarbeiteten, distanzierten sich Essener und Pharisäer auf friedliche Weise. Ihre Hoffnung ruhte auf dem Kommen des Messias. Für die Gruppe der Zeloten gehörten Gott und die Freiheit des Volkes untrennbar zusammen. Deshalb bekämpften sie die Römer.

Im Jahr 66 n. Chr. entweihten römische Soldaten den Jerusalemer Tempel. Ein landesweiter Aufstand brach aus, der erst 70 n. Chr. mit der totalen Zerstörung des Tempels endete. Jerusalem wurde unbewohnbar. In Rom feierte man den Sieg Jupiters über den Gott der Juden und Christen.

Die Abbildung zeigt Details des Titusbogens, der sich auf dem Forum Romanum in Rom befindet. Dargestellt ist die Prozession zu Ehren des Feldherren Titus. Zu erkennen sind die aus dem Tempel geraubte Menorah, die Silbertrompeten und der Schaubrottisch.

1. Beschreibe jüdische Positionen gegenüber der römischen Besatzungsmacht mithilfe des Reli-Lexikons.

2. Erläutere das abgebildete Relief in Zusammenhang mit den Texten der Seite.

3. Tragt in der Reli-Gruppe mithilfe einer Mindmap Informationen zum Stichwort „Gleichnis“ zusammen.

Versuche dein Glück

Jesus erzählt ein Gleichnis aus dem Alltag:

Denn es ist wie mit einem Menschen, der außer Landes ging: Er rief seine Knechte und vertraute ihnen sein Vermögen an; dem einen gab er fünf Talente Silber, dem andern zwei, dem dritten einen, jedem nach seiner Tüchtigkeit, und zog fort. Sogleich ging der hin, der fünf Talente empfangen hatte, und handelte mit ihnen und gewann weitere fünf dazu. Ebenso gewann der, der zwei Talente empfangen hatte, zwei weitere dazu. Der aber einen empfangen hatte, ging hin, grub ein Loch in die Erde und verbarg das Geld seines Herrn. Nach langer Zeit kam der Herr dieser Knechte und forderte Rechenschaft von ihnen. Da trat herzu, der fünf Talente empfangen hatte, und legte weitere fünf Talente dazu und sprach: Herr, du hast mir fünf Talente anvertraut; siehe da, ich habe damit weitere fünf Talente gewonnen. Da sprach sein Herr zu ihm: Recht so, du tüchtiger und treuer Knecht, du bist über wenigem treu gewesen, ich will dich über viel setzen [...]. Da trat auch herzu, der zwei Talente empfangen hatte, und sprach: Herr, du hast mir zwei Talente anvertraut; siehe da, ich habe damit zwei weitere gewonnen. Sein Herr sprach zu ihm: Recht so, du tüchtiger und treuer Knecht, du bist über wenigem treu gewesen, ich will dich über viel setzen [...]. Da trat auch herzu, der ein Talent empfangen hatte: Herr, ich wusste, dass du ein harter Mann bist: Du erntest, wo du nicht gesät hast, und sammelst ein, wo du nicht ausgestreut hast; und ich fürchtete mich, ging hin und verbarg dein Talent in der Erde. Siehe, da hast du das Deine. Sein Herr aber antwortete und sprach zu ihm: [...] Dann hättest du mein Geld zu den Wechslern bringen sollen, und wenn ich gekommen wäre, hätte ich das Meine wiederbekommen mit Zinsen. Darum nehmt ihm das Talent ab [...].

Matthäus 25,14–28

A → Z

Reli-Lexikon:
Gleichnis
Talent

Der Schriftsteller John Updike, verstand unter ‚Talent' einen göttlichen Auftrag für die eigene Biografie: „Lebe dein Leben. Lebe es, als läge ein Segen auf ihm. Versuche dein Glück, damit du dein Talent nicht in der Erde vermodern lässt."

4. Stelle das Gleichnis in einer Kurzform dar.

5. Erläutere mit eigenen Beispielen John Updikes Interpretation von ‚Talent'.

6. Sammelt in der Reli-Gruppe Interpretationsvorschläge für das Gleichnis. Verwendet dazu das Reli-Lexikon.

Ein Gemälde einer besseren Welt

A → Z

Reli-Lexikon:
Lukas Cranach

Eine Gemeinschaft von Gleichen

Lukas Cranach d. Ä.: Reformationsaltar, 1547

Verweis:
Aufbruch zu mehr Gemeinschaft
▸ Kapitel 11, S. 120/121

Lukas Cranach malte sein Bild für die Stadtkirche in Wittenberg, der „Mutterkirche“ der Reformation. Er verband biblische Motive mit realen Orten und Personen der Reformationszeit. Jesus sitzt mit den Stadträten Wittenbergs an einem runden Tisch. Die großen Renaissancefenster geben den Blick auf das Land und den Himmel frei. Cranachs Bild fügt zusammen, was für ihn zusammengehört: Wenn Menschen das Abendmahl feiern, sind sie mit Jesus in einer Gemeinschaft von Gleichen verbunden. Die älteste Beschreibung des Abendmahls geht auf Paulus zurück. Er schreibt an die Gemeinde in Korinth:

Denn ich habe von dem Herrn empfangen, was ich euch weitergegeben habe: Der Herr Jesus, in der Nacht, da er verraten ward, nahm er das Brot, dankte und brach's und sprach: Das ist mein Leib, der für euch gegeben wird; das tut zu meinem Gedächtnis. Desgleichen nahm er auch den Kelch nach dem Mahl und sprach: Dieser Kelch ist der neue Bund in meinem Blut; das tut, sooft ihr daraus trinkt, zu meinem Gedächtnis. Denn sooft ihr von diesem Brot esst und aus dem Kelch trinkt, verkündigt ihr den Tod des Herrn, bis er kommt.

1. Korinther 11,23–26

1. Beschreibe biblische und historische Details auf Cranachs Altarbild.

2. Vergleiche die Schilderung des Abendmahls bei Paulus mit dem Gemälde Cranachs.

3. Skizziere ein Bild für deine Schule, das den Aspekt der Gemeinschaft zeigt.

Gebt ihr ihnen zu essen

Und Jesus fing eine lange Predigt an. Als nun der Tag fast vorüber war, traten seine Jünger zu ihm und sprachen: Es ist öde hier und der Tag ist fast vorüber; lass sie gehen, damit sie in die Höfe und Dörfer ringsum gehen und sich Brot kaufen. Er aber antwortete: Gebt ihr ihnen zu essen! Und sie sprachen zu ihm: Sollen wir denn hingehen und für zweihundert Silbergroschen Brot kaufen und ihnen zu essen geben? Er aber sprach zu ihnen: Wie viel Brote habt ihr? Geht hin und seht! Und als sie es erkundet hatten, sprachen sie: Fünf und zwei Fische. Und er gebot ihnen, dass sie sich alle lagerten, tischweise, auf das grüne Gras. Und sie setzten sich, in Gruppen zu hundert und zu fünfzig. Und er nahm die fünf Brote und zwei Fische und sah auf zum Himmel, dankte und brach die Brote und gab sie den Jüngern, damit sie unter ihnen austeilten, und die zwei Fische teilte er unter sie alle. Und sie aßen alle und wurden satt [...]. Und die die Brote gegessen hatten, waren fünftausend Mann.

Markus 6,34–44

Vorübungen für ein Wunder

Vor dem leeren Baugrund
mit geschlossenen Augen warten
bis das alte Haus
wieder dasteht und offen ist

Die stillstehende Uhr
so lange ansehen
bis der Sekundenzeiger
sich wieder bewegt

An dich denken
bis die Liebe
zu dir
wieder glücklich sein darf

Das Wiedererwecken
von Toten
ist dann
ganz einfach

Erich Fried

A → Z

Reli-Lexikon:
Wunder

Methode:
Zeitungsbericht schreiben
S. 186

4. Schreibe im Namen des Paulus einen Zeitungsbericht zur Speisung der 5000.

5. Deute den Slogan auf dem T-Shirt.

6. ❀ Deute Erich Frieds Gedicht und formuliere weitere Strophen.

Glücklich sind die Armen

A → Z

Reli-Lexikon:
Sylvie Fleury
Mammon

Sylvie Fleury: Easy. Breezy. Beautiful, 2000

An die Reichen

Sammelt euch Schätze im Himmel, wo sie weder Motten noch Rost fressen und wo die Diebe nicht einbrechen und stehlen. Denn wo dein Schatz ist, da ist auch dein Herz. […] Niemand kann zwei Herren dienen: Entweder er wird den einen hassen und den andern lieben, oder er wird an dem einen hängen und den andern verachten. Ihr könnt nicht Gott dienen und dem Mammon.

Matthäus 6,20–21; 6,24

An die Armen

Darum sage ich euch: Sorgt nicht um euer Leben, was ihr essen und trinken werdet; auch nicht um euren Leib, was ihr anziehen werdet. Ist nicht das Leben mehr als die Nahrung und der Leib mehr als die Kleidung? Seht die Vögel unter dem Himmel an: sie säen nicht, sie ernten nicht, sie sammeln nicht in die Scheunen; und euer himmlischer Vater ernährt sie doch.

Matthäus 6,25–26

Methode:
Bildbeschreibung
S. 165

1. Erzähle von Beispielen für Armut und Reichtum aus deinem Wohnort.

2. Erkläre Jesu Worte an die Reichen und die Armen.

3. Deute das Kunstwerk Sylvie Fleurys und entwickle einen eigenen Titel.

Jesus, Hoffnung der Armen

Alle synoptischen Evangelien [...] berichten an zentraler Stelle, Jesus habe die Nähe der Königsherrschaft Gottes verkündet und den Armen das Evangelium, die frohe Botschaft, gebracht. [...] Das Evangelium der Armen hat für das praktische Verhalten Jesu und der Jesusanhänger bedeutet, dass sie auf ihrem Wanderweg von Galiläa nach Jerusalem [...] Kranke auf den Straßen und Plätzen der Ortschaften um sich gesammelt haben. Sie haben ihnen mit der Vollmacht Gottes gesagt, dass Gott seine Verheißung wahrmacht, dass sein gerechtes Handeln sie zuerst aufrichtet, dass sie nicht der letzte Dreck sind, sondern Gottes erste Kinder.

Das Armenevangelium Jesu und der Jesusbewegung [...] ist immer dann, wenn die Christen reich waren, in irgendeiner Weise umgedeutet worden. [...] Doch den Reichen galt die Forderung Jesu nach Umkehr, nicht das Armenevangelium.

Luise Schottroff

Die Bergpredigt ist eine Sammlung von Sprüchen Jesu. Der Evangelist Matthäus hat sie in Mt 5–7 zusammengestellt. Sie gleicht der Erzählung von der Übergabe der 10 Gebote durch Mose an das Volk Israel. Für Matthäus ist Jesus der zweite Mose. Der Dekalog will die Unmenschlichkeit begrenzen. Die Bergpredigt erklärt, dass man für eine bessere Welt eine bessere, menschlichere Gerechtigkeit braucht.

Die älteste Form der Seligpreisung lautete vermutlich:

Glücklich sind die Armen,
ihnen gehört die Herrschaft Gottes.
Glücklich sind die Hungernden,
sie werden gesättigt werden.
Glücklich sind die Trauernden,
sie werden getröstet werden.

Diese Segenszusagen waren wortwörtlich gemeint. Das hat schon die ältesten christlichen Gemeinden schockiert. Die Radikalität des Reiches Gottes zeigt sich nicht in einer religiösen Innerlichkeit, sondern im Neuanfang des ganzen Menschen. Und trotzdem gilt: Auch im Innersten hungert der Mensch oder trauert.

Wolfgang Huber

A → Z

Reli-Lexikon:
Bergpredigt
Dekalog
Seligpreisung

Methode:
Plakat erstellen
S. 175

4. Erläutere den Titel des Textes von Luise Schottroff.

5. Vergleiche Schottroffs Position mit den Aussagen Wolfgang Hubers.

6. Gestalte ein Plakat zum Stichwort „Gottes erste Kinder".

Warum aufstehen so schwer ist

A → Z

Reli-Lexikon:
Kaddisch
Max Slevogt

Denn dein ist das Reich

So sollt ihr beten:
Unser Vater im Himmel!
Dein Name werde geheiligt.
Dein Reich komme.
Dein Wille geschehe wie im Himmel so auf Erden.
Unser tägliches Brot gib uns heute.
Und vergib uns unsere Schuld, wie auch wir vergeben unsern Schuldigern.
Und führe uns nicht in Versuchung, sondern erlöse uns von dem Bösen.
Denn dein ist das Reich und die Kraft und die Herrlichkeit in Ewigkeit.
Amen.

Matthäus 6,9–13

Max Slevogt: Der verlorene Sohn, 1899

Das Vaterunser findet sich in der Bergpredigt. Es verbindet weltweit alle Christen. Bitten und Handeln gehören darin ganz eng zusammen. Es gleicht dem jüdischen Kaddisch und gliedert sich in fünf Teile. Jesus unterbreitet einen Vorschlag für ein Gebet, sodass jeder Christ Gott ansprechen kann. Es verlangt keine heilige Zeit, keinen heiligen Ort und keinen heiligen Lebenswandel.

Erhoben und geheiligt werde sein großer Name auf der Welt, die nach seinem Willen von Ihm erschaffen wurde, sein Reich erstehe in eurem Leben in euren Tagen und im Leben des ganzen Hauses Israel, schnell und in nächster Zeit, sprecht: Amen!
Sein großer Name sei gepriesen in Ewigkeit und Ewigkeit der Ewigkeiten.
Gepriesen und gerühmt, verherrlicht, erhoben, erhöht, gefeiert, hocherhoben und gepriesen sei der Name des Heiligen, gelobt sei er, hoch über jedem Lob und Gesang, jeder Verherrlichung und Trostverheißung, die je in der Welt gesprochen wurde, sprecht: Amen!

Das Kaddisch

1. Gliedere das Vaterunser und vergleiche es mit dem Kaddisch.
2. Deute das Bild mithilfe des Vaterunsers.
3. Belege an Beispielen, zu welcher Lebenspraxis das Vaterunser führen kann.

Der Mensch lebt nicht vom Brot allein

Merle (17) spricht mit Christian, dem Pfarrer, über den Konfi-Unterricht:

Zum Beispiel reden wir über den Umgang mit Fremden oder darüber, aus was für Stationen ein Lebensweg besteht, und klar, dazu blättern wir auch manchmal in der Bibel, aber nie reden wir so richtig darüber, woran wir glauben [...]. Im Ernst, sage ich, was ist mit Gott und so weiter? Und ich merke, dass mich die Frage so wirklich interessiert. Dass ich sie gestellt habe, weil ich auf eine Antwort hoffe.
Christian: [...] Gott hat viele Namen und sie alle sind nur Platzhalter. Es ist gar nicht leicht darüber zu sprechen, ohne einen Knoten im Gehirn zu bekommen. Was ist das Gute? Woran lohnt es sich zu glauben? Weshalb steht man jeden Morgen auf? Er greift nach seiner Tasse [...].
Ich sage: Weißt du das? Ich meine, woran glaubst du? [...]
Ein Zucken um seine Mundwinkel. Unverwandt sieht er weiter zu mir hin.
Ich stelle die Frage abermals. Setze hinzu: Es gibt doch mehr als einen Grund aufzustehen?

Nils Mohl, Stadtrandritter, 2013

Und da Jesus gefastet hatte, hungerte ihn. Und der Versucher trat zu ihm und sprach: Bist du Gottes Sohn, so sprich, dass diese Steine Brot werden. Er aber antwortete: Es steht geschrieben: „Der Mensch lebt nicht vom Brot allein, sondern von einem jeden Wort, das aus dem Mund Gottes geht."

Matthäus 4,2–4

In Großbritannien herrscht Linksverkehr. Für Touristen, die es nicht gewohnt sind, dass sich die Fahrzeuge von rechts nähern, hat man solche Hinweise auf der Fahrbahn gut sichtbar platziert.
Für eine Protestaktion wurde aus dem Hinweis für den Verkehr der Aufruf: „Achtet auf die Menschenrechte!"

A → Z

Reli-Lexikon:
Menschenrechte

4. Gib den Dialog zwischen Merle und Christian wieder.

5. Vergleiche beide Texte und erkläre, worin jeweils die Versuchung liegt.

6. Gott hat viele Namen.
Diskutiert in der Reli-Gruppe, inwiefern die Menschenrechte als Namen Gottes gelten können.

Plus

S. 84–85

Von Gott reden mit Bildern der Welt

1. Entwickle eine Mindmap zu den antiken jüdischen Gruppierungen mithilfe des Reli-Lexikons.
2. Erläutere Jesu Haltung gegenüber den Römern mithilfe der Erzählung von der Steuerabgabe aus Mt 22,15–22.

römische Münze

S. 86–87

Ein Gemälde einer besseren Welt

1. Vergleiche den paulinischen Abendmahlstext mit der Schilderung in Mk 14,12–25.
2. Gestalte zu einer neutestamentlichen Wundererzählung deiner Wahl eine eigene Installation und präsentiere sie in der Reli-Gruppe.

Methode: Installation entwickeln S. 170

S. 88–89

Glücklich sind die Armen

1. Deute die Grafik von Käthe Kollwitz im Zusammenhang der Aussagen von Schottroff und Huber.
2. Interpretiere das Symbol des Berges mithilfe eigener Gipfelerfahrungen.

Käthe Kollwitz: Unter dem Brückenbogen, 1928

S. 90–91

Warum aufstehen so schwer ist

1. Wähle eine Bitte oder ein Lob aus dem Vaterunser aus und entwickle dazu eine Geschichte.
2. Entwirf Fragen für Interviews nach Versuchungsgeschichten.

Check up

Blick zurück

Du hast darüber nachgedacht, wie Jesus von Gott und seinem Reich spricht.
Du hast neutestamentliche Wundererzählungen auf vielfältige Weise gedeutet.
Du kannst erklären, was in der Bergpredigt über Gerechtigkeit zu lesen ist.

Schau dir noch einmal das Bild auf S. 82–83 an. Schreibe auf, was du jetzt anders siehst als zu Beginn des Kapitels.

Du kannst

… die politisch-gesellschaftliche Situation der Zeit Jesu beschreiben.
… die Gleichnisse Jesu unterschiedlich deuten.
… erklären, wie Kunst religiöse Vorstellungen verdeutlicht.
… neutestamentliche Wundererzählungen interpretieren.
… Kriterien für Armut und Reichtum benennen.
… theologische Positionen zu Armut und Reichtum erläutern.
… Strukturen des Vaterunsers erklären.

Idee

Organsiert eine Spendenaktion zum Thema „Der Mensch lebt nicht vom Brot allein …“ und fertigt dazu eine gemeinschaftliche Dokumentation an.

9 Woran soll ich mich halten?

Was ist das Leben wert?

Wann beginnt menschliches Leben?

Wer entscheidet über den Wert des Lebens?

Was ist das Leben wert?

Anna (15) und Christina (16) reden über eine TV-Sendung vom Vorabend.

Anna: Sag mal, hast du schon gehört, dass manche Stars ihre Körperteile versichern lassen?

Christina: Ja, das ist doch total albern, finde ich.

Anna: Na, das finde ich gar nicht. Ich meine, für manche Menschen ist ja ihr Körper ihr Kapital.

Christina: Was zahlt denn eigentlich eine Versicherung, wenn man einen Unfall hat?

Anna und Christina recherchieren gemeinsam.

Sie finden heraus:
Wenn man sich privat versichern lässt, richtet sich die Höhe der Auszahlungen nach dem Schweregrad der Verletzung. Geht ein Körperteil komplett verloren und ist nach einem Unfall überhaupt nicht mehr funktionsfähig, wird die komplette Summe an den Versicherten ausgezahlt. Diese Summen werden in einer „Gliedertaxe" festgelegt. Wenn die Körperteile jedoch nur teilweise verletzt sind, zahlt die Versicherung auch nur prozentual.

Methode: Textspaziergang S. 164

1. Diskutiert darüber, ob man den Wert des menschlichen Lebens mithilfe einer Gliedertaxe feststellen kann.

2. Beschreibt, was für euch persönlich das Leben wert ist.

3. Lest euch den Psalm 8 durch und beschreibt den Wert eines Menschenlebens aus jüdisch-christlicher Perspektive.

4. ✿ Wendet zu Aufgabe 3 die Methode Textspaziergang an.

Thomas Weißer (Publikationsname: Thomas Laubach), Professor für Theologische Ethik an der Universität Bamberg:

Lässt sich der Wert eines Menschen berechnen?

1. Die Rede vom Wert des Menschen beinhaltet die Selbst- und die Fremdperspektive. Menschen müssen also nicht nur sich selbst als Zweck an sich achten, sie schulden diese Achtung auch allen anderen Menschen.

2. Überall da, wo der Wert des Menschen missachtet wird, braucht es solidarisches Handeln. Missachtung kommt in vielen Zusammenhängen vor. Direkt, wenn jemand gedemütigt, unterdrückt, versklavt wird. Indirekt, wenn es niemanden kümmert, dass Arbeiter in China unter erbärmlichen Bedingungen die neuesten Computer zusammenschrauben, oder dass die neue Modekollektion zu Hungerlöhnen in Nordafrika gefertigt wird.

3. Unethisch sind alle Formen der Ausgrenzung. Es darf nicht sein, dass Menschen aufgrund ihrer Religion, ihrer Herkunft oder auch ihrer geistigen oder körperlichen Fähigkeiten als wertlos gelten. Das Grundgesetz hält diese Überzeugung in dem Satz fest: „Die Würde des Menschen ist unantastbar."

4. Ein Leben kann nicht gegen ein anderes verrechnet werden. Die teure Therapie für ein leukämiekrankes Kind in Deutschland und die Malariavorsorge in Zentralafrika sind gleich wichtig. Die Achtung vor dem Menschen gebietet deshalb, sich für beides, so gut es geht, einzusetzen. Wenn jeder Mensch unendlich wertvoll ist, läuft die Rede vom Wert des Menschen ins Leere. Damit steht ein Blickwechsel in der Bewertung des menschlichen Lebens an. Er will den Blick weg von der Bewertung hin zum Recht aller Menschen auf ein menschenwürdiges, wertvolles Leben lenken. Und damit einen Raum schaffen, in dem es eben nicht um Zahlen geht – sondern um den ganzen Menschen.

A → Z

Reli-Lexikon:
Menschenwürde

Methode:
Text-Bild-Collage S. 181
Theologisieren S. 183
Reziprokes Lesen S. 177

5. Lest den Text von Thomas Weißer mithilfe der Methode „Reziprokes Lesen".

6. Gestaltet eine Text-Bild-Collage zum Thema „Der Wert eines Menschen".

7. Bezieht euch auf den dritten Abschnitt und theologisiert über den Begriff der Würde des Menschen.

Wann beginnt menschliches Leben?

Saskia (16) und Julia (14) behandeln im Unterricht die Themen „Stammzellenforschung" und „Präimplantationsdiagnostik". Da lesen sie einen Artikel über das Rettungsbaby Javier.

Am 13. Oktober 2008 ist Javier geboren. Er ist geboren, um seinen älteren Bruder zu „heilen".

Denn nach einer künstlichen Befruchtung hatten die Ärzte in Sevilla (Spanien) auf Wunsch der Eltern mithilfe der Präimplantationsdiagnostik denjenigen Embryo ausgewählt, der den Gendefekt des Bruders nicht aufweist und auch genetisch am besten zu ihm passt.

Mit den Zellen aus dem Nabelschnurblut von Javier kann der ältere Bruder nun eine Knochenmarktransplantation erhalten und damit in fünf Jahren gesund werden.

! Information

Die **Präimplantationsdiagnostik** ist die genetische Untersuchung eines außerhalb des Körpers erzeugten Embryos, bevor er in die Gebärmutter eingesetzt wird.

Als **Rettungsgeschwister** werden die Kinder bezeichnet, die von den Eltern künstlich gezeugt werden, damit sie mit ihrem Erbgut (Knochenmark, Stammzellen etc.) einem älteren Geschwisterkind helfen können.

Gentechnik ist ein Verfahren der Biologie bzw. Biotechnologie, das gezielte Eingriffe in das Erbgut (Genom) des Menschen ermöglicht. Dabei kann als Produkt im Reagenzglas eine DNA (genetischer Erbcode des Menschen) entstehen, die gentechnisch verändert oder neu zusammengesetzt werden kann und womit dann gentechnisch veränderte Organismen entstehen. So können z. B. Kulturpflanzen verändert oder Medikamente hergestellt werden.

1. Diskutiert den Fall des Babys Javier. Nehmt dabei verschiedene Positionen ein: aus der Sicht der Eltern, aus der Sicht des älteren Bruders und aus der Sicht Javiers, wenn er dies später erfährt.

2. Bezieht die Begriffe aus der Information auf Javier.

Stammzellenforschung

Julia und Saskia erfahren weiter, dass die Stammzellen die Körperzellen sind, die zu unterschiedlichen Arten von Zellen werden können. Diese können auch Tochterzellen bilden, die wiederum Eigenschaften der Stammzelle haben. Die Stammzellenforschung beschäftigt sich insbesondere mit der Erforschung von embryonalen Stammzellen. In Amerika ist die Stammzellenforschung erlaubt und es wurden schon menschliche Stammzellen durch Gentechnik geklont.

Der Gewinn von embryonalen Stammzellen wird von der medizinischen Forschung als sehr wichtig erachtet, da dadurch auch Ersatzorgane des jeweiligen Menschen gebildet werden könnten, wenn dieser z. B. schwer erkrankt.

Saskia leuchtet dies unmittelbar ein und sie betont, dass man die Würde des kranken Menschen achtet, wenn man ihm dadurch hilft.

Doch Julia entgegnet, dass embryonale Stammzellen schon menschliches Leben sind. Und wenn man die ungenutzten Stammzellen anschließend vernichtet, würde man Mord begehen. Auch die Würde der Embryonen ist daher zu achten, weil aus dem Embryo ja später ein Mensch entstehen würde, der Würde und Achtung verdient hätte.

Darauf entgegnet Saskia, dass aus den überzähligen künstlich hergestellten embryonalen Stammzellen ohnehin kein Leben mehr entstehen würde.

Methode:
Pro- und Kontra-Diskussion
S. 176

3. Beschreibt das Bild in Verbindung mit dem Text zur Stammzellenforschung.

4. Lest euch die Argumente von Saskia und Julia durch und findet weitere Argumente für und gegen Stammzellenforschung.

Wer entscheidet über den Wert des Lebens?

Carine (43) in Belgien

In Belgien können Menschen, die schwer erkrankt sind, Sterbehilfe beantragen. Carine hätte mit ihrer Behinderung noch Jahrzehnte leben können. Sie ist seit dem Jahr 2004 körperlich stabil, aber pflegebedürftig. Sie kann sich nicht alleine waschen, nicht ankleiden, nicht zur Toilette gehen, kein Essen zubereiten. Ihr linker Arm ist teilweise gelähmt und lässt sich nur unter Schmerzen bewegen. In der Rehaklinik hat sie wieder gelernt, zu gehen und Treppen zu steigen, doch sie braucht Begleitung. Ihr Sehzentrum ist geschädigt. Carine kann Bilder nicht mit Handlungen verknüpfen, es fehlt ihr die räumliche Orientierung. Obwohl die Wände in ihrer Wohnung mit bunten Punkten markiert sind, stößt sie ständig an, wenn ihr niemand hilft. Sie verbringt ihren Tag damit, dass sie im Sessel sitzt. Sie sagt: „Das ist kein Leben, das ist die Hölle."

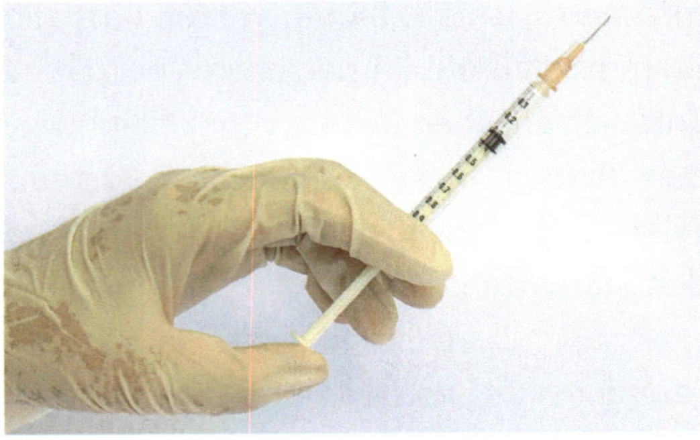

Information

Sterbehilfe Es gibt unterschiedliche Arten der Sterbehilfe: Zur *aktiven Sterbehilfe* zählen Maßnahmen, die den Tod herbeiführen, z. B. die Verabreichung bestimmter Medikamente durch einen Arzt. Bei der *indirekten aktiven Sterbehilfe* wird in Kauf genommen, dass ein Mensch z. B. durch hochdosierte Medikamente stirbt, die der Schmerzlinderung dienen. Bei der *passiven Sterbehilfe* werden lebensverlängernde Maßnahmen unterlassen oder abgebrochen, wenn es der Patient so möchte.
Hilft jemand einem kranken Menschen dabei, sich selbst zu töten (z. B. durch Besorgung eines tödlichen Medikaments), so wird dies *assistierter Suizid* bzw. *Beihilfe zur Selbsttötung* genannt.

Eluana (28) in Italien

Die 28-jährige Italienerin Eluana hatte 1992 einen Autounfall. Seitdem liegt sie im Wachkoma. Sie kann jedoch atmen und ihr Herz schlägt aus eigener Kraft. Der Vater kämpft fast zehn Jahre vor italienischen Gerichten darum, seine Tochter sterben lassen zu dürfen. Er hat viele verschiedene Ärzte um Rat gefragt, ob nicht die künstliche Ernährung eingestellt werden könne. Die meisten befürworten das Anliegen des Vaters, doch ein Arzt will nun einen neuartigen medizinischen Eingriff erproben. Da dies aber sehr kostspielig werden würde, lehnt der Vater es ab.

1. Wählt ein Fallbeispiel aus und diskutiert in Partnerarbeit, wie ihr euch entschieden hättet.

2. Recherchiert nach weiteren Fällen und schreibt die Lösungen bzw. Urteile heraus.

Die Schüler der Reli-Gruppe geraten in eine hitzige Diskussion, als sie über Sterbehilfe sprechen. Sie bilden einen Ethikrat, weil sie wissen möchten, wie man sinnvoll und begründet Entscheidungen treffen und wie man sich darüber verständigen kann. Sie legen sechs Schritte für eine moralische Urteilsbildung fest:

1. Schritt: Definieren des geschilderten ethischen Konflikts

Sammelt Informationen und definiert genau den Konflikt bzw. das Dilemma.
Nur mit dieser Sachgrundlage könnt ihr weiterarbeiten.

2. Schritt: Aufzählen möglicher Handlungsoptionen

Diskutiert und notiert, welche möglichen Lösungswege es geben würde und was dafür- bzw. was dagegenspricht.

3. Schritt: Aufzählen von Pro- und Kontraargumenten

Schreibt alle möglichen Argumente beider Positionen in einer Tabelle auf.

4. Schritt: Aufzählen menschlicher Werte, die hinter den Argumenten stehen

Schreibt hinter jedes Argument (pro und kontra) die Wertvorstellungen, die dahinterstecken.

5. Schritt: Begründete Urteilsfindung

Fällt nun das eigene Urteil. Sucht dafür vergleichbare Urteile heraus und besprecht diese miteinander.

6. Schritt: Aufzählen der Konsequenzen

Berücksichtigt alle möglichen Konsequenzen eures gemeinsam gefällten Urteils.

Fallbeispiel:
Jessica (18), Realschulabschluss, hat endlich ihren Ausbildungsplatz in ihrem Traumberuf gefunden. Da wird sie schwanger. Jessica hat zwar mit der Pille verhütet, vermutlich ist die Wirkung jedoch durch die Einnahme eines Antibiotikums nicht zuverlässig gewesen.
Sie hat keinen, der sie unterstützt, der Kindesvater nicht, auch nicht die Eltern.
Ihrer Chefin möchte sie auch nichts erzählen, sie hat Angst, den Arbeitsplatz zu verlieren.

3. Bildet in Kleingruppen jeweils einen Ethikrat und beurteilt ein Fallbeispiel nach den sechs Schritten moralischer Urteilsfindung.

4. Welche Aspekte der moralischen Urteilsfindung würdet ihr so lassen, welche fehlen euch? Ergänzt weitere Aspekte bzw. Schritte, die ihr wichtig findet.

Plus

S. 96–97

Was ist das Leben wert?

Diskutiert die Frage, ob Menschen eine Verkürzung ihrer Lebenszeit in Kauf nehmen würden, wenn man ihnen dafür jetzt schon eine Million Euro geben würde.
Argumentiert auch in Abhängigkeit des Lebensalters.

S. 98–99

Wann beginnt menschliches Leben?

Denn du hast meine Nieren bereitet und hast mich gebildet im Mutterleibe. Ich danke dir dafür, dass ich wunderbar gemacht bin, wunderbar sind deine Werke.

Psalm 139,13 f.

Methode:
Text-Bild-Collage
S. 181

„Dein Leben ist lebens-wert". Gestaltet in Partnerarbeit eine Text-Bild-Collage. Nehmt den Bibeltext zu Hilfe.

S. 100–101

Wer entscheidet über den Wert des Lebens?

Jana (17) hat nach einem Routinebesuch beim Arzt erfahren, dass sie eine schwere Blutkrankheit hat und nur noch einige Jahre leben wird. Sie ist sehr verzweifelt. Ihr Freund Thorsten (20) ist ebenfalls verzweifelt, er kümmert sich liebevoll um sie und er will nicht aufgeben. Er recherchiert tage- und nächtelang im Internet und findet nach einigen Wochen einen Arzt in den USA, der Jana heilen könnte. Das Problem ist, dass die Operation ca. 50 000 US-Dollar kosten würde.
Jana und Thorsten bitten viele Freunde und Verwandte um Geldspenden, doch diese große Summe bekommen sie nicht zusammen. Auch der Arzt ist nicht bereit, Jana für weniger Geld zu operieren. Doch da Thorsten in einer Bank arbeitet, bietet sich ihm bald die Möglichkeit, nach und nach Geld auf ein privates Konto umzuleiten, damit er das Geld für die Operation zusammenbekommt.

1. Überlegt gemeinsam, wir ihr gehandelt hättet und ob man auch für einen Freund oder ein Haustier finanziell betrügen sollte.
2. Stellt euch vor, Thorsten wird erwischt und ihr müsstet den Fall beurteilen. Begründet, ob Thorsten bestraft werden sollte.
Begründet aus jüdisch-christlicher Perspektive.

Check up

Blick zurück

Du hast über den Wert des Lebens nachgedacht, ob menschliches Leben zum Beispiel in Geld aufgewogen werden kann.
Du hast darüber nachgedacht, ob man alles machen darf, was in der Gentechnik möglich ist.
Du hast Begriffe wie „Stammzellenforschung" und „Präimplantationsdiagnostik" sowie die jeweiligen Vor- und Nachteile kennengelernt.
Du hast Möglichkeiten kennengelernt, wie man ethische bzw. moralische Entscheidungen treffen bzw. Urteile bilden kann.

Schau dir noch einmal das Bild auf S. 94–95 an. Vergleiche deine Antworten auf die drei Fragen mit deinen jetzigen Antworten.

Du kannst

... über den Psalm 8 berichten und einen Bezug zu deinem Leben herstellen.
... darüber diskutieren, wann menschliches Leben beginnt.
... Möglichkeiten benennen, ethische Entscheidungen zu treffen.
... Argumente einer Ethikkommission bei deinen Entscheidungen einbeziehen.

Idee

„Ethikrat in der Schule"

Die deutsche Bundesregierung hat 2007 einen nationalen Ethikrat ins Leben gerufen.
Recherchiert die Mitglieder, den Auftrag und die Themen des Ethikrates.

a) Erstellt ein Informationsplakat.
b) Überlegt und begründet, welche Themen ihr besonders wichtig findet.
c) Erläutert, welchen Beitrag Theologen in einem Ethikrat geben könnten.

10 Gewalt – (k)eine Lösung?

Warum mischen sich manche Menschen ein?
Wodurch wird ein Mensch gewalttätig?
Warum ist Friedenstiften so schwierig?

Wodurch entsteht Gewalt?

Auf dem Schulweg

An der Bushaltestelle stehen viele Menschen und warten auf den Bus. Die meisten starren auf ihr Handy. Einige halten immer wieder ungeduldig Ausschau nach dem Bus. Ein Mädchen, dunkle Haut, tiefschwarze Haare, löchrige Leggins, vollgekritzelter Schulrucksack, schlabberiger Pulli, beobachtet eine Katze, die an einem Baum hochklettert.

Da fliegt dem Mädchen eine Zigarettenpackung auf die Schulter und eine Papierkugel in die Kapuze. Ihre Blicke treffen sich. Mit einem hämischen Grinsen schaut er auf sie herab: „Na, du hässliche, stinkende Zigeunerin!" Er zündet sich eine Zigarette an und bläst ihr mit einem lässigen Blick den Qualm ins Gesicht.

Viele der Umherstehenden spüren es: Auf der einen Seite Überlegenheit, Anpöbeln, Niedermachen, grässliche Worte. Auf der anderen Seite Hilflosigkeit, ein flehender Blick, in Schrecken aufgerissene Augen, Angst. Was tun? Wegschauen. Erstarren. Umhergucken. Eine Sekunde, zwei Sekunden, drei – vier – fünf Sekunden – erscheinen ewig. Auf einmal die entscheidende Aktion: Ein Junge, nicht viel älter als das Mädchen, stellt sich neben sie.

Ein sportlich aussehender Mann erhebt sich von der Bank und stellt sich vor das Mädchen. Eine Frau stellt sich hinter das Mädchen und legt ihr die Hand auf die Schulter. Jetzt stehen vier da.

In die Menschen in der Nähe kommt Leben, Aufmerksamkeit, Kraft. Noch eine stellt sich dazu. Und noch einer. Studenten, Rentner, Kinder, wie eine immer dicker werdende Wand. Der Angreifer wird kleiner und kleiner, fällt in sich zusammen wie ein Kartenhaus. Er kehrt der Bushaltestelle den Rücken zu und schlendert davon. Schon hält der Bus am Randstein, die Fahrgäste steigen ein.

Längst nicht alle Wartenden haben etwas bemerkt. Nur einige haben sich dazugestellt. Diejenigen, die sich eingemischt haben, fühlen sich plötzlich ganz stark. Sie haben nicht nur zugesehen, sie haben sich eingemischt.

1. Gib den Inhalt der Geschichte wieder.

2. Benenne den Tiefpunkt, den Höhepunkt und den Wendepunkt dieser Geschichte.

3. Beschreibe, welche Formen von Gewalt (verbal oder körperlich, versteckt oder offen) auf den Fotos dargestellt werden.

Information

Was ist Gewalt?
Das Wort „Gewalt“ stammt von dem althochdeutschen Wort „waltan“, was so viel wie „stark sein“ oder „beherrschen“ bedeutet.
Wenn auf eine Person körperliche und / oder verbale Gewalthandlungen ausgeübt werden – gegen ihren Willen – mit dem Ziel,
- sie zu schädigen,
- sie dem eigenen Willen zu unterwerfen oder
- um der Gewalt mit Gegen-Gewalt zu begegnen,

spricht man von Gewalt.
Es gibt verschiedene Formen von Gewalthandlungen: Sie können versteckt oder offen durchgeführt werden. Sie können gegen Dinge, andere Personen oder sich selbst gerichtet sein.

Böse Tage

Er hatte schon immer Probleme mit seinem Übergewicht. Nach der Sportstunde wurde Boris, ohne es zu merken, in der Umkleidekabine von einem Mitschüler fotografiert. Die Fotos standen kurze Zeit später im Internet und die meisten seiner Klassenkameraden hatten sie gesehen.
Als er am nächsten Tag in der Schlange der Cafeteria steht, grapscht ihm einer aus der 10. Klasse von hinten in die Seite. Lautes Gelächter breitet sich in der Schlange aus.
Am Nachmittag liest er immer mehr Nachrichten: „Du stinkst!“ „Alle hassen dich!“ „Du bist so fett!“
Schließlich überlegt er, dass …

4. Erläutert, wie es zu den Situationen auf den Fotos gekommen sein könnte.

5. Schreibt die Geschichte „Böse Tage“ zu Ende.

Auf Gewalt verzichten – aber wie?

A → Z

Reli-Lexikon:
Bergpredigt
Gottes Kinder
Seligpreisungen
Tempel

Wenn dich einer auf die rechte Wange schlägt, dann halte ihm auch die andere hin.

Matthäus 5,39
Einheitsübersetzung

Selig sind die Friedfertigen, denn sie werden Gottes Kinder heißen.

Matthäus 5,9

Uli Viereck: Jesus und die Sünderin

Methode:
Bildbeschreibung
S. 165
Theologisieren
S. 183

Und frühmorgens kam er wieder in den Tempel, und alles Volk kam zu ihm, und er setzte sich und lehrte sie. Aber die Schriftgelehrten und Pharisäer brachten eine Frau, beim Ehebruch ergriffen, und stellten sie in die Mitte und sprachen zu ihm: Meister, diese Frau ist auf frischer Tat beim Ehebruch ergriffen worden. Es ist uns vorgeschrieben, solche Frauen zu steinigen. Was sagst du? Das sagten sie aber, ihn zu versuchen, damit sie ihn verklagen könnten. Aber Jesus bückte sich und schrieb mit dem Finger auf die Erde. Als sie nun fortfuhren, ihn zu fragen, richtete er sich auf und sprach zu ihnen: Wer unter euch ohne Sünde ist, der werfe den ersten Stein auf sie.

Johannes 8,2–7

1. Beschreibe das Bild „Jesus und die Sünderin". Setze es mit dem Bibeltext Joh 8,2–7 in Beziehung.
2. Deutet die Körperhaltung Jesu.
3. Fasse die Aussagen Jesu zusammen, wie man sich in Gewaltsituationen verhalten soll.

Ausbruch aus der Gewalt

Olli ist in Ost-Berlin aufgewachsen. Früher war er als Hooligan jedes Wochenende an Schlägereien beteiligt. Heute macht er Gottesdienste in Berlin. Eine Schülergruppe hat ihn befragt:

Wodurch bist du gewalttätig geworden?
Das fing bei mir in sehr jungen Jahren an. Ich wollte um jeden Preis auffallen. Darum schloss ich mich mit 15 Jahren einer Punker-Gruppe am Alexanderplatz an. Später freute ich mich bei Besuchen des Fußballstadions vor allem auf die Schlägereien nach dem Spiel. Ich konnte meine Wut rauslassen. Außerdem war es Nervenkitzel pur. Fast immer ging ich als Sieger aus den Auseinandersetzungen hervor.

Was war deine schlimmste Erfahrung?
Mit 17 kam ich in ein Gefängnis. In der ersten Nacht – als ich schlief – stürzten sich die 10 Mitgefangenen auf mich und verprügelten mich. Dort lernte ich, dass man mit Gewalt mehr erreichen kann.

Wie bist du aus dem Teufelskreis der Gewalt herausgekommen?
Auf einem Rock-Festival habe ich eine Gruppe christlicher Motorradrocker kennengelernt. Sie hatten gelbe Kreuze auf ihren Westen und strahlten eine Freude aus. Sie haben mir eine Bibel geschenkt. Und einer hat für mich gebetet: „Jesus. Hier ist Olli. Kümmere dich um ihn. Amen."
Ein Jahr später ging es mir sehr schlecht. Ich wusste, dass in meinem Leben vieles schief lief. Ich fuhr auf eine Kur. Da fiel mir die Bibel wieder in die Hände. Zum ersten Mal las ich sie. Auf einer Wanderung wollte ich Jesus auf die Probe stellen und betete: „Wenn es dich gibt, dann zeig dich mir." Ich hatte noch nicht einmal „Amen" gesagt, da stand er vor mir. Jesus? Nein. Aber Jörg. Mit ihm redete und betete ich oft. Ich entdeckte die Liebe Gottes, die mein Leben völlig veränderte.

Methode:
Dialog schreiben
S. 167

4. Beschreibe Ollis Lebensweg.

5. Erläutere, wie es Olli gelingt, auf Gewalt zu verzichten.

6. ❀ Schreibt einen Dialog „Olli begegnet einem alten Rocker-Freund".

Als Friedenstreiber unterwegs

A → Z
Reli-Lexikon:
Ökumene

Mein Name ist Mirko Walz. Nach der Schule, mit 18 Jahren, habe ich mich entschieden, für ein Jahr als Friedenstreiber nach Uganda zu gehen.
Ich wurde durch EIRENE auf den Einsatz vorbereitet. Das Land und die Leute kennenzulernen, das war traumhaft schön, aber auch nicht immer einfach. Meine Reise ging nach Jinja, die zweitgrößte Stadt Ugandas. Dort habe ich in einem Zentrum für Straßenkinder mitgearbeitet. Es wird von der Non-Government-Organisation „Child Restoration Outreach" betrieben.
Ich konnte in den Bereichen „Sozialarbeit" und „Vorschule" mitarbeiten. Die Organisation hat den Kindern den Schulbesuch ermöglicht, indem sie sie in einer Vorschule vorbereitet und dann die Schulgebühren und Uniformen bezahlt hat. Anfangs habe ich im Nachmittagsbereich der Vorschule Sportangebote mit den Kindern durchgeführt.

Information

Eirene ist ein griechisches Wort und heißt Frieden. Der ökumenische und internationale christliche Friedensdienst unterstützt jedes Jahr über 100 Freiwillige, um sich in lokalen Partnerorganisationen in Afrika und Südamerika für Frieden zu engagieren.

EIRENE

Im Osten Ugandas liegt die Stadt Jinja, wo sich ein Straßenkinderzentrum befindet. Täglich werden hier 80–100 Straßenkinder tagsüber betreut, gefördert und beraten.
Ziel ist es, dass die Kinder wieder bei ihren Familien leben können. Dafür werden Familienberatungen durchgeführt.

Methode:
Internetrecherche S. 171

1. Schildere die Tätigkeiten eines Friedenstreibers.

2. Setze das Symbol des EIRENE-Schriftzugs mit den Bibeltexten in Verbindung.

3. Informiere dich im Atlas oder im Internet über das Land Uganda und erstelle einen Steckbrief.

Da die Kinder kein Englisch, sondern Luganda sprechen, musste ich viel lernen. Mit immer besseren Sprachkenntnissen konnte ich im Laufe des Jahres auch im Vormittagsbereich Computer- und Kunstunterricht in der Vorschule erteilen. Mein schönstes Erlebnis war, zu sehen, wie unsere Kinder an der staatlichen Schule eingeschult wurden. Als sie sich unter die anderen Kinder gemischt haben, waren sie sehr nervös, aber man hat ihnen angemerkt, wie glücklich sie waren. Natürlich gab es auch frustrierende Tage, wenn wir zum Beispiel Kinder, die wir in ihre Familie zurückgebracht hatten, plötzlich auf der Straße wiedergetroffen haben. Mittlerweile bin ich seit drei Jahren wieder in Deutschland. Seit meiner Rückkehr bin ich von der guten Planung und Organisation deutscher Städte fasziniert. Das hat auch meinen beruflichen Werdegang beeinflusst. In diesem Sommer fliege ich noch einmal nach Uganda.

Für uns ist ein Kind geboren, ein Sohn ist uns gegeben […] und er heißt Friede-Fürst.

Jesaja 9,5

Ihr werdet die Kraft des Heiligen Geistes empfangen […] und ihr werdet meine Zeugen sein […] bis an das Ende der Erde.

Apostelgeschichte 1,8

Im Jahr 2012 nahmen über 400 Jugendliche an der zweiten Peace Academy der Dresdner Frauenkirche teil. Das Motto lautete: „Friedenstreiber – Zwischen Küchentisch und Krisenherd“. Bei Workshops, Diskussionsrunden und Konzerten setzten die Jugendlichen drei Tage lang Zeichen für den Frieden.

Methode:
Theologisieren
S. 183

4. Stelle Vermutungen an, warum die Kinder auf der Straße und nicht bei ihren Eltern leben.

5. Beschreibt, was Mirko nach der Rückkehr nach Deutschland anders wahrnimmt.

6. Deutet das Zeichen und das Motto des Festivals in Dresden.

Plus

S. 106–107

Wodurch entsteht Gewalt?

1. Lehrer und Schüler einer Klasse haben dieses Schild an die Tür ihres Klassenzimmers gehängt. Tragt zusammen, welche Konsequenzen dies für alle hat.

Methode:
Internetrechreche
S. 171

2. Es ist nicht einfach, als Zeuge einer Schlägerei einzugreifen, ohne sich dabei selbst in Gefahr zu bringen. Recherchiere im Internet nach den Tipps der Polizei.

S. 108–109

Auf Gewalt verzichten – aber wie?

1. Beschreibe eine Situation, in der man nicht auf Gewalt verzichten kann.

2. Erläutere mindestens drei Möglichkeiten, wie man seine Wut überwinden kann, ohne eine andere Person zu schädigen.

S. 110–111

Als Friedenstreiber unterwegs

Aktion: Warme Dusche
Gute Worte können die Stimmung in eurer Reli-Gruppe verändern.
Hefte deinem Nachbarn ein leeres Blatt an den Rücken.
Dann gehen alle in der Klasse umher und schreiben sich Komplimente oder Mutmacher auf den Rücken.

Du bist echt super, weil du …

Check up

Blick zurück

Du hast Gewaltsituationen analysiert und gelernt, dass es verschiedene Formen und Ursachen von Gewalt gibt.

Du hast Bibeltexten entnommen, was Jesus Christus zum Umgang mit Gewaltsituationen gesagt hat und wie er sich darin verhalten hat.
Du hast an einem Beispiel gelernt, dass die Forderung Jesu, auf Gewalt zu verzichten, manchmal nicht umzusetzen ist, dass aber der Glaube einen Weg aus dem Teufelskreis der Gewalt aufzeigt.

Und du hast christliche Positionen zur Friedenssicherung, deren Begründung und Umsetzung kennengelernt.

Betrachte noch einmal das Bild auf S. 104–105.
Schreibe auf, was du jetzt anders siehst und welche Erkenntnisse du in diesem Kapitel gewonnen hast.

Du kannst

… verschiedene Formen von Gewalt nennen.
… Ursachen für die Entstehung von Gewalt erläutern.
… Gewalterfahrungen im Umfeld Schule reflektieren.
… Alternativen zum Aggressionsabbau aufzeigen.
… erklären, wie man bei einer Schlägerei eingreifen kann, ohne sich zu gefährden.
… Möglichkeiten nennen, wie die christliche Friedensethik umgesetzt werden kann.

Idee

Entwickelt eine Fotostory.
Zeigt in 3 bis 5 Standbildern die Vorgeschichte, die Gewalthandlung und deren Auswirkung. Fotografiert die Standbilder und erstellt eine Präsentation.

Methode:
Standbild
S. 180

11 Kirche – immer wieder aufbrechen

Wie ist die Kirche geworden, wie sie ist?

Wie war die Kirche früher?

Warum brauchen wir für den Glauben eine Kirche?

Aufbruch in die Welt

A → Z
Reli-Lexikon:
Areopag

Pfingstpredigt des Petrus in Jerusalem

So wisse nun das ganze Haus Israel gewiss, dass Gott diesen Jesus, den ihr gekreuzigt habt, zum Herrn und Christus gemacht hat. Als sie aber das hörten, ging's ihnen durchs Herz und sie sprachen zu Petrus und den andern Aposteln: Ihr Männer, liebe Brüder, was sollen wir tun? Petrus sprach zu ihnen: Tut Buße und jeder von euch lasse sich taufen auf den Namen Jesu Christi zur Vergebung eurer Sünden, so werdet ihr empfangen die Gabe des Heiligen Geistes.

Apostelgeschichte 2,36–38

A → Z
Reli-Lexikon:
Bonifatius
Mission

Rede des Paulus in Athen

Die Bürger von Athen nahmen den Paulus mit und führten ihn auf den Areopag und sprachen: Können wir erfahren, was das für eine neue Lehre ist, die du lehrst? [...] Paulus [...] sprach: Ihr Männer von Athen, ich sehe, dass ihr die Götter in allen Stücken sehr verehrt. Ich bin umhergegangen und habe eure Heiligtümer angesehen und fand einen Altar, auf dem stand geschrieben: Dem unbekannten Gott. Nun verkündige ich euch, was ihr unwissend verehrt. Gott, der die Welt gemacht hat und alles, was darin ist, er, der Herr des Himmels und der Erde, wohnt nicht in Tempeln, die mit Händen gemacht sind. Auch lässt er sich nicht von Menschenhänden dienen wie einer, der etwas nötig hätte, da er doch selber jedermann Leben und Odem und alles gibt. [...] Und fürwahr, er ist nicht ferne von einem jeden unter uns. Denn in ihm leben, weben und sind wir; wie auch einige Dichter bei euch gesagt haben: Wir sind seines Geschlechts.

Apostelgeschichte 17,19–28

Die Germanenmission des Bonifatius
Um das Jahr 500 n. Chr. wurde der Merowingerkönig Chlodwig Christ, doch der christliche Glaube konnte sich nur langsam unter den Germanen ausbreiten.
Im Jahr 723 lässt Bonifatius in dem Ort Geismar eine Eiche fällen, die dem germanischen Gott Donar geweiht war. „Als die Heiden, die erst geflucht hatten, dies sahen, da lobten sie Gott wie umgewandelt, legten ihre frühere Bosheit ab und glaubten", heißt es in einem kurz nach Bonifatius' Tod verfassten Bericht.
Bonifatius gründet danach noch zahlreiche Klöster, weiht Bischöfe und wird selbst zum Erzbischof des östlichen Frankenreiches ernannt. Im Jahr 754 n. Chr. reist Bonfatius zu einem Tauffest nach Dokkum in den heutigen Niederlanden. Dort wird er von heidnischen Friesen überfallen und erschlagen. Seine Grabstätte liegt bis heute unter dem Dom in Fulda.

1. Beschreibe, wie Petrus und Paulus den Glauben an Jesus Christus begründen.
2. Vergleicht die Predigten des Petrus und des Paulus mit dem Auftrag Jesu in Mt 28,18 ff.
3. Beschreibe die „Missionsstrategie" des Bonifatius und bewerte sie.

Mission und Kolonialisierung im 16. Jahrhundert

Atahualpa, der um 1500 geborene letzte Herrscher des Inkareiches, hatte sich von den spanischen Eroberern zunächst Waffen, Rüstungen und Pferde versprochen. Die Spanier waren entrüstet, dass er sich nicht unterwerfen und zum Christentum bekennen wollte. Sie richteten unter den Inkas ein Blutbad an und nahmen Atahualpa gefangen. Sein Volk bezahlte Unmengen von Gold und Silber als Lösegeld. Dennoch wollten die Spanier den Inkaherrscher verbrennen. Er willigte schließlich ein, sich taufen zu lassen. Dafür ersparten die Spanier ihm den Feuertod und erwürgten ihn im Jahr 1533.

Der indianische Adelige Guaman Poma de Ayala hat diese Geschichte in seinem Buch „Die erste neue Chronik und gute Regierung" in Text und Bild überliefert.

Missionar auf der Südseeinsel Nauru

Ein neues Verständnis von Mission

A → Z

Reli-Lexikon: Mission

Auf einer Konferenz im Jahr 1928 begannen die christlichen Kirchen, sich von ihrem bisherigen Verständnis von „Mission" zu verabschieden. Von nun an sollte es verstärkt um das Gespräch und den Austausch mit anderen Religionen gehen. Das Wort „Heiden" wurde abgelehnt.

Mission heute: Brot für die Welt

4. Beschreibe mithilfe der Bilder und der Grafik das Verhältnis von Mission und Kolonialisierung.

5. Skizziere Veränderungen im Verständnis der christlichen Mission.

6. Benenne Gründe, warum die Kirchen seit dem Ersten Weltkrieg ihr Verständnis von Mission geändert haben.

Brüche und Trennungen

Christenverfolgung

In Rom hatte bereits unter dem Kaiser Nero (37–68 n. Chr.) eine grausame Christenverfolgung begonnen. Als Rom in Brand geriet, schob Nero den Christen die Schuld zu. Der Schriftsteller Tacitus (62–120 n. Chr.) berichtet:

Kaiser Nero „schob andere als Schuldige vor und belegte sie mit den ausgesuchtesten Strafen: die ‚Chrestiani' [übersetzt ‚die Tapferen']. Der Name leitet sich von Jesus Christus her. Zunächst also ergriff man diese, danach eine riesige Menge, nicht so sehr wegen der Brandstiftung, sondern aus reinem Menschenhass. Dazu trieb man mit den Todgeweihten seinen Spott: In Tierfelle eingenäht ließ man sie von Hunden zerfleischen; andere wurden an Kreuze geschlagen".

Die ersten Christen im Römischen Reich

In den Jahren 109 bis 113 n. Chr. reiste Plinius als Gesandter des römischen Kaisers Trajan (53–117 n. Chr.) in die heutige Türkei.

Ich habe sie gefragt, ob sie Christen seien. Gestanden sie, so habe ich ihnen unter Androhung der Todesstrafe ein zweites und drittes Mal dieselbe Frage gestellt; beharrten sie, so habe ich sie zur Hinrichtung abführen lassen. […] Sie beteuerten jedoch, ihre ganz Schuld […] habe darin bestanden, dass sie Christus als ihrem Gott im Wechsel Lob gesungen und sich verpflichtet hätten, zur Unterlassung von Diebstahl, Raub, Ehebruch, Treulosigkeit und Unterschlagung von anvertrautem Gut."

A → Z

Reli-Lexikon: Konstantinische Wende

Methode: Lebensbild verfassen S. 173

Konstantin der Große: Der christliche Kaiser

Kaiser Konstantin (ca. 275–337 n. Chr.) hatte der Legende nach vor der entscheidenden Schlacht gegen seinen Rivalen Maxentius im Jahr 312 die Vision eines Kreuzes mit den Worten: „Unter diesem Zeichen wirst du siegen", und so geschah es.

Konstantin war damit der erste römische Kaiser, der im Namen des Christengottes eine Schlacht gewann. In der Folge wurden alle bisherigen Gesetze und Verordnungen gegen die Christinnen und Christen im Römischen Reich aufgehoben. Darüber hinaus wurde verfügt, dass „alle Richter, Stadtleute und Handwerker, welches Gewerbe sie auch immer ausüben", am Sonntag ihre Arbeit niederlegen. Für alle Religionen galt ab nun: „Alle, die der Verehrung Gottes Religionsdienste widmen, d.h. die sogenannten Kleriker, seien von allen öffentlichen Dienstleistungen befreit." Und schließlich wurde verfügt, dass die Kirchengebäude, die bisher „entweder infolge von Vernachlässigung verfallen oder aus Furcht vor drohender Ungerechtigkeit in […] schlechtem Zustand belassen worden sind", wieder herzurichten sind und dass neue Kirchen entstehen sollen. Staatliche Stellen und Gelder sollen die Gemeinden dabei unterstützen. Zusammengefasst nennt man diese Maßnahmen seither auch die „Konstantinische Wende".

1. Beschreibe mithilfe des Textes die „Konstantinische Wende" im 4. Jh. nach Christus.

2. ❀ Verfasse ein Lebensbild unter dem Titel „Ich, Konstantin, christlicher Kaiser".

Jan Hus und das Konzil von Konstanz

Jan Hus (1369–1415)

Am 6. Juli 1415 wurde der tschechische Pfarrer und Theologieprofessor Jan Hus während eines Konzils in der Stadt Konstanz öffentlich auf dem Scheiterhaufen hingerichtet. Er hatte von den Amtsträgern der Kirche verlangt, sie sollten das Evangelium predigen und danach leben. Er schätzte die Bibel höher als die Autorität des Papstes und feierte Gottesdienste in tschechischer Landessprache.

„Auch Konzilien können irren“

Hans Stiegler: Martin Luther, 18. Jh.

Etwa 100 Jahre später sagte Martin Luther: „Johannes Hus hat von mir geweissagt, als er aus dem Gefängnis im Böhmerland schrieb, sie werden jetzt eine Gans braten [denn Hus heißt Gans]. Aber in hundert Jahren werden sie einen Schwan singen hören, den sollen sie leiden. Deshalb will ich frei sein und mich durch niemanden gefangen nehmen lassen, weder durch das Ansehen eines Konzils, noch einer Macht, noch der Universitäten, noch des Papstes.“ Und er fügte hinzu: „Die Schrift ist mir gewisser als alle Konzilien.“

A → Z

Reli-Lexikon:
Bekenntnis
Märtyrer
Konzil

Methode:
Bildbeschreibung
S. 165

3. Recherchiere im Reli-Lexikon die Begriffe „Märtyrer“, „Bekenntnis“ und „Konzil“ und erläutere sie anhand der Lebensgeschichten des Jan Hus und Martin Luthers.

4. Beschreibt und deutet das Bild von Martin Luther und der Gans.

5. Findet und diskutiert eure eigenen wichtigsten Glaubenssätze.

Aufbruch zu mehr Gemeinschaft

Die Einheit der Taufe?

Die Bewegung der Täufer in der Reformationszeit wollte die Taufe nur dann gestatten, wenn der Täufling im Glauben darum bittet:

Die Taufe soll allen denen gegeben werden, die über die Buße und Änderung des Lebens belehrt worden sind und wahrhaftig glauben, dass ihre Sünden durch Christus hinweggenommen sind, und allen denen, die wandeln wollen in der Auferstehung Jesu Christi [...] und allen denen, die es in solcher Meinung von uns begehren und von sich selbst aus fordern. Damit wird jede Kindertaufe ausgeschlossen, des Papstes höchster und erster Greuel. [...] Dabei wollen wir einfältig, aber doch fest und mit Gewissheit bleiben.

aus einem Bekenntnis von 1527

Martin Luther antwortete in seinem Großen Katechismus von 1529:

Darum sind es vermessene, plumpe Geister, die so folgern und schließen: Wo der Glaube nicht recht ist, da könne auch die Taufe nicht recht sein. Das ist gerade so, als ob ich schließen wollte: Wenn ich nicht glaube, so ist Christus nichts. [...] Darum sei endgültig gesagt, dass die Taufe allezeit recht und in vollem Wesen bleibt, wenn auch nur ein Mensch getauft werden würde und dazu nicht rechtschaffen glaubte. Denn Gottes Ordnung lässt sich nicht von Menschen wandelbar machen oder ändern. Sie aber, die Schwarmgeister, sind so verblendet, dass sie Gottes Wort und Gebot nicht sehen und in der Taufe [...] nicht mehr sehen als Wasser in einem Bach.

1. Beschreibe die Bilder, auf denen Erwachsene getauft werden.

2. Erklärt, warum die Befürworter der Erwachsenentaufe lieber von der Glaubens- oder der Mündigentaufe sprechen.

3. Findet Gründe, warum die großen Kirchen weiterhin die Taufe kleiner Kinder durchführen.

Die Einheit des Abendmahls?

Nach katholischer Lehre gilt bis heute, dass durch die Einsetzungsworte des geweihten Priesters Hostie und Wein dauerhaft in Leib und Blut Christi „gewandelt" werden.
Die Reformatoren lehnten diese Auffassung ab. Zwar ist auch für Martin Luther Christus in Brot und Wein bei der Abendmahlsfeier wirklich gegenwärtig, aber ohne eine stoffliche „Wandlung" von Brot und Wein. Der Schweizer Reformator Ulrich Zwingli sah Brot und Wein als Symbole zur Erinnerung an den auferstandenen Christus. Im Jahr 1529 trafen sich Martin Luther und Ulrich Zwingli zum „Marburger Religionsgespräch", auf dem sie sich nicht einig wurden.
Erst im Jahr 1973 verständigten sich alle reformatorischen Kirchen Europas auf die Erklärung:

> Im Abendmahl schenkt sich der auferstandene Christus in seinem für alle dahingegebenen Leib und Blut durch sein verheißendes Wort mit Brot und Wein. [...] Die Gemeinschaft mit Jesus Christus in seinem Leib und Blut können wir nicht vom Akt des Essens und Trinkens trennen. [...] Mit dieser Feststellung ist Kirchengemeinschaft erklärt.
>
> aus der „Leuenberger Konkordie" von 1973

Ökumenisches Mahl

Eine Zeitung schrieb unter dieses Bild:
„Die gemeinsame orthodoxe Vesper beim Ökumenischen Kirchentag in München – ein gemeinsames Abendmahl von Katholiken und Protestanten war nicht möglich."

Das Mahl fand statt auf dem Ökumenischen Kirchentag 2010 in München und wurde veranstaltet von orthodoxen Priestern. Niemand war von der Feier ausgeschlossen. Es war allerdings kein Abendmahl, sondern ein feierliches, gemeinsames Essen, wie es schon in biblischen Zeiten in der Urgemeinde in Jerusalem gefeiert wurde (Apg 2,46). „Es ist noch nicht die heilige Eucharistie", sagte der griechisch-orthodoxe Erzpriester Constantin Miron einleitend, „aber die Feier unseres Miteinanderseins."

A → Z
Reli-Lexikon:
Sakramente

A → Z
Reli-Lexikon:
Vesper

4. Vergleiche die unterschiedlichen Deutungen von Brot und Wein beim Abendmahl.

5. Diskutiert: Wie entsteht eine Gemeinschaft von Menschen über alle Unterschiede hinweg?

Plus

S. 116–117

Methode:
Bildbeschreibung
S. 165

Aufbruch in die Welt

Dieses Relief des Künstlers Werner Henschel aus dem Jahr 1830 befindet sich auf dem Sockel der Statue des Bonifatius in der Stadt Fulda.
Beschreibe und deute das Bild. Finde einen geeigneten Titel für die Darstellung.

S. 118–119

Brüche und Trennungen

Dieses Bild zeigt einen „Autodafé“ aus dem 17. Jahrhundert.
Übersetzt diesen Begriff und erläutert ihn anhand des Bildes.

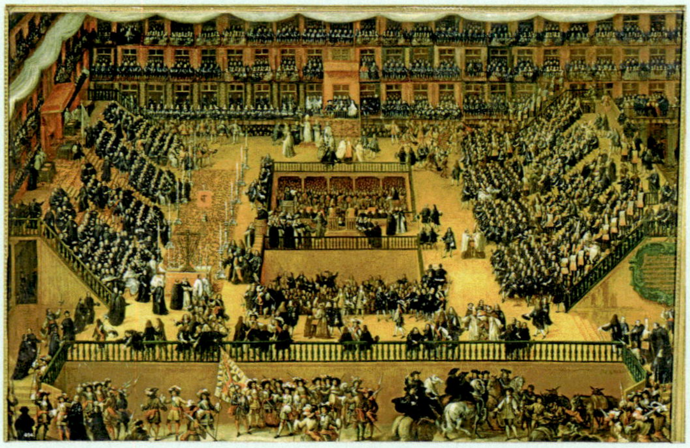

S. 120–121

Aufbruch zu mehr Gemeinschaft

Seit dem Jahr 1927 laden weltweit Frauen jedes Jahr am ersten Freitag im März zu einem ökumenischen Gottesdienst ein. Dieser wird in jedem Jahr von Frauen aus einem der 170 beteiligten Länder erarbeitet und steht immer unter einem neuen Thema.
Recherchiert Informationen zu Land und Thema des aktuellen Weltgebetstages. Erläutert das Logo und das Motto „Informiert beten – betend handeln“. Sammelt eigene Themen für ein „Gebet für die Welt“ und schreibt dann eigene Fürbitten.

Check up

Blick zurück

Du bist in diesem Kapitel verschiedenen Stationen aus der Geschichte der Kirchen begegnet. Du hast dich damit auseinandergesetzt, wie der christliche Glaube sich in der Welt ausgebreitet hat und hast dabei den Begriff der „Mission" von verschiedenen Seiten beleuchtet. Du hast dir an Beispielen verdeutlicht, wie Christen immer wieder um ihre Einheit kämpfen mussten. Am Beispiel von Taufe und Abendmahl hast du darüber nachgedacht, was christliche Kirchen trennt und in welchen Fragen sie Trennungen überwunden haben. Überprüfe, ob sich am Ende des Kapitels deine Antworten auf die Ausgangsfragen auf der S. 114–115 verändert haben.

Du kannst

... anhand von geschichtlichen Beispielen beschreiben und davon berichten, welche Brüche, Aufbrüche und Neuanfänge es in der Geschichte der Kirchen gegeben hat.

... verschiedene Verständnisse von Mission darstellen und mit biblischen Quellen vergleichen.

... Zusammenhänge zwischen christlicher Mission und Kolonialisierung erläutern.

... erläutern, wie sich das christliche Verständnis von Mission im Laufe der Geschichte gewandelt hat.

... die Geschichte der Kirche an einzelnen Stationen reflektieren und Position beziehen.

... darüber Auskunft geben, wie christliche Kirchen und Gemeinschaften Taufe und Abendmahl deuten und feiern.

... an Beispielen gelebter Ökumene vor Ort das Engagement der Kirchen für Gerechtigkeit darstellen.

... das Motto „Informiert beten – betend handeln" erläutern.

... Formen spiritueller Praxis entwerfen.

Idee

Ein Gemeinschaftsmahl in der Reli-Gruppe

Gestaltet ein Fest in der Reli-Gruppe, bei dem ein gemeinsames Essen stattfindet. Überlegt euch einen Ablauf und ein Menü. Informiert euch, was die einzelnen Lebensmittel und ihre Zubereitung mit Gerechtigkeit und Bewahrung der Schöpfung zu tun haben. Entwerft eine Einladung und eine Speisekarte. Wie wollt ihr das gemeinsame Essen einleiten und beenden?

12

Kirche – Mitmachen oder widerstehen?

Was will die Kirche?

Wie viel Macht hat die Kirche?

Wie kann man sich in der Kirche engagieren?

Kirche – mehr als ein Gebäude

Heutige Kirchengemeinden sind sehr verschieden: In der einen finden Gottesdienste traditionell am Sonntagvormittag statt. In der anderen Gemeinde ist das Kirchengebäude häufig geöffnet, damit Menschen dort zu unterschiedlichen Zeiten Ruhe finden oder auch beten können. Im Wochenprogramm einer Stadtgemeinde sind viele kulturelle Veranstaltungen aufgeführt: Orgelkonzert am Mittag, theologisch-philosophische Altargespräche, Popkonzert, christlich-muslimisches Essen oder eine Kulturnacht im Kirchengebäude.

So verschieden wie Menschen sind, so unterschiedlich ist auch das Angebot von Kirchengemeinden: Zum Beispiel bieten „Citykirchen" Mittagsandachten an. Viele nutzen diese Gelegenheit, um eine Pause während ihrer Arbeit einzulegen.

Auch in einer ländlichen Kirchengemeinde entdeckt man unterschiedliche kirchliche Möglichkeiten: Jugendgruppen, diakonische Angebote oder Bibelgesprächsabende.

A → Z

Reli-Lexikon:
Diakonie

Methode:
Plakat erstellen
S. 175

Viele Kirchengemeinden bieten neben Gottesdiensten auch vielfältige kulturelle Veranstaltungen an. Mittlerweile gibt es auch schon sogenannte „Kulturkirchen". In dem Kirchengebäude finden vor allem Theater, Musik und kreative Angebote statt.

Information

Unter „Kultur" versteht man alles, was der Mensch oder eine Gruppe gestaltend hervorbringt. Kulturleistungen sind im Gegensatz zur Natur formende Umgestaltungen eines Materials (zum Beispiel Technik, Musik oder Kunst) oder die Entstehung geistiger Gebilde (zum Beispiel Wissenschaft, Recht, Wirtschaft und Religion).

1. Erläutere die abgebildeten Fotos aus Kirchengemeinden.
2. Stelle ein kirchliches Angebot der Gemeinde an deinem Ort auf einem Plakat näher dar.
3. Begründe, warum Kirchengemeinden zunehmend kulturelle Veranstaltungen anbieten.

Mittlerweile gibt es Kirchen, die nicht mehr als Kirchenraum verwendet, sondern zu einem fremden Zweck genutzt werden. Hier zwei Beispiele:

Indoorspielplatz Funville in Maastricht

Im Zentrum von Maastricht gibt es ein neues Spielparadies, die Funville Play Lounge. Das Besondere: Sie befindet sich in der Awwe-Stiene-Kirche.

Kinder können sich hier austoben. Die Spielgeräte sind bis zu 10 Meter hoch. Stundenlang können die jungen Entdecker klettern, springen, rutschen, aber auch malen, basteln, spielen, sich schminken lassen. Es gibt zahlreiche Beschäftigungsmöglichkeiten.

Alle Kinder finden hier ihr kleines oder großes Abenteuer. Die Rutsche mit freiem Fall bietet Nervenkitzel. Diejenigen, die es nicht so aufregend mögen, können eine andere Rutsche nehmen oder sich ihren Weg durch das verwirrende Netz bahnen.

Für die ganz Kleinen gibt es auch einen eigenen Bereich, in dem sie ungestört spielen und ihre Umgebung erforschen können.

Datei Bearbeiten Ansicht Chronik Lesezeichen Extras Hilfe

http://kirchgeme... +

Heiliger Bimbam!

von Frank Selig, Chemnitz

Eine echte Neuheit in der Stadt – eine Kirche wird zur Kneipe. In der Zwickauer Straße gibt es jetzt ein Kirchen-Lokal. Betritt man die Kirche, findet man eine Empore, eine Pfarrkanzel und bunte Fenster, die von Künstlern bemalt sind. Das Kirchenschiff bietet Platz für 95 Gäste. Auch in der Empore können die Gäste sich aufhalten, hier gibt es 20 Plätze. Und dann gibt es auch noch eine Terrasse, hier können weitere 190 Leute Platz nehmen. In der Pfarrkanzel soll der Stammtisch untergebracht werden.
Die Kirche, die aus Holz gebaut wurde, war nach dem Krieg ein Geschenk der Amerikaner, was ein Zeichen der Versöhnung sein sollte, nachdem 1945 US-Bomben die historische Kirche zerstört hatten. Während der DDR-Jahre wurde die Kirche sogar einmal abgebaut und eingelagert. Erst vor wenigen Jahren wurde sie wieder an der gleichen Stelle aufgebaut. Die evangelische Landeskirche hat dem Projekt zugestimmt. Es hängt kein Kreuz in der Kneipe und Provokationen sollen möglichst vermieden werden.

A → Z

Reli-Lexikon:
DDR

Methode:
Pro- und Kontra-Diskussion
S. 176

4. Beurteile, ob ein Kirchenraum als ein Spielplatz bzw. als Kneipe genutzt werden darf.

5. Nenne andere Möglichkeiten, wie der Kirchenraum sonst gebraucht werden könnte.

6. ❀ Sollen Kirchengebäude verkauft und für andere Zwecke genutzt werden? Führt eine Pro- und Kontra-Diskussion.

Kirche – ganz schön (ohn-)mächtig

Das Regime unter Adolf Hitler hat sofort nach der Machtergreifung 1933 versucht, die Kirchen für die nationalsozialistischen Ziele zu vereinnahmen. Dabei haben vor allem die sogenannten Deutschen Christen das Regime unterstützt und wichtige Pfarrstellen und kirchliche Führungspositionen in den Landeskirchen eingenommen. Es gab jedoch auch Christinnen und Christen, die sich gegen die staatliche Vereinnahmung gewehrt haben. Pfarrer Dietrich Bonhoeffer (1906–1945) hat sich zum Beispiel für die jüdischen Mitbürger eingesetzt, ihnen bei der Flucht in die Schweiz geholfen und als Mitglied der Bekennenden Kirche gegen die nationalistischen Vorstellungen der Deutschen Christen protestiert. 1943 wurde Bonhoeffer verhaftet. Einem Mitgefangenen erklärte Bonhoeffer in einem Bild seine Motivation:
„Wenn ein betrunkener Autofahrer mit hoher Geschwindigkeit den Kurfürstendamm herunterrast, dann kann es nicht die einzige Aufgabe eines Pfarrers sein, die Opfer des Wahnsinnigen zu beerdigen und die Angehörigen zu trösten. Wichtiger ist es, dem Betrunkenen das Steuerrad zu entreißen."

Die Deutschen Christen behaupten, dass Jesus kein Jude war, sondern von assyrischen Einwanderern, die mehrheitlich Arier waren, abstammte. Deshalb heißt Galiläa auf Deutsch auch „Bezirk der Heiden". Jesus stehe in seinem ganzen Denken und Handeln im bittersten Gegensatz zum Judentum.

Walter Grundmann, 1939

Landesbischof Ludwig Müller beim Hitlergruß, evangelische Nationalsynode der „deutschen Christen" in Wittenberg, 1933

Die Bekennende Kirche formuliert ihren Standpunkt in der „Barmer Theologischen Erklärung" (1934):
„Jesus Christus, wie er uns in der Heiligen Schrift bezeugt wird, ist das eine Wort Gottes, das wir zu hören, dem wir im Leben und Sterben zu vertrauen und zu gehorchen haben."

1. Erkläre die Motivation Bonhoeffers, gegen das Regime zu handeln.

2. Stelle die unterschiedlichen Vorstellungen der Deutschen Christen und der Bekennenden Kirche über Jesus Christus gegenüber.

3. Erkläre anhand des Fotos den staatlichen Einfluss auf die Kirche.

Am 8. August 1947 bekannte sich der Bruderrat der Evangelischen Kirche in Deutschland (EKD), dem nach Kriegsende fortbestehenden Leitungsorgan der Bekennenden Kirche, im „Wort zum politischen Weg unseres Volkes“ (sogenanntes „Darmstädter Wort“) zu den Sünden der Vergangenheit und zu einem Neuanfang:

„Wir sind in die Irre gegangen, als wir begannen, den Traum einer besonderen deutschen Sendung zu träumen, als ob am deutschen Wesen die Welt genesen könne.
Wir haben die christliche Freiheit verraten, die uns erlaubt und gebietet, Lebensformen abzuändern, wo das Zusammenleben der Menschen solche Wandlung erfordert. Wir haben das Recht zur Revolution verneint, aber die Entwicklung zur absoluten Diktatur geduldet und gutgeheißen.
Wir haben es bezeugt und bezeugen es heute aufs Neue: ‚Durch Jesus Christus widerfährt uns frohe Befreiung aus den gottlosen Bindungen dieser Welt zu freiem, dankbarem Dienst an seinen Geschöpfen‘ [Zitat aus Barmer Erklärung].“

Wie sehen heutige Politiker das Verhältnis zwischen Staat und Kirche?

Frank-Walter Steinmeier (SPD): „Kirche ist fest in der Gesellschaft verankert, nah bei den Menschen. Was sie sagt, kann niemand leicht überhören. Und deshalb spricht sie auch für diejenigen, die allein nicht gehört würden. […] Ich halte nichts davon, Politik mit der Bibel in der Hand zu machen. Aber mein Glaube gibt mir Zuversicht für mein Handeln.“

Für Günther Beckstein (CSU) habe die Kirche ein „Wächteramt“ in der Gesellschaft. Dabei gehe es um das Engagement für den Frieden, die Bewahrung der Schöpfung, bioethische Fragen oder den Einsatz für eine solidarische Gesellschaft. Es bedeute aber nicht automatisch, dass sich die Kirche auch in die politische Debatte einmischen müsse. „Ich kann es beim besten Willen nicht verstehen, wenn sich die Kirche zu einer Steuerreform äußert.“

Christian Lindner (FDP) meint, dass nach über 200 Jahren Zahlungen an Kirchen hinterfragt werden dürfen. „Denkt man das konsequent, dann könnte der Staat irgendwann bei Muslimen ein Pendant zur Kirchensteuer einziehen.“

4. Beschreibe die Sünden der Vergangenheit, die in dem „Darmstädter Wort“ genannt werden.

5. Erläutere, warum das „Darmstädter Wort“ den Satz aus der „Barmer Erklärung“ zitiert.

6. Nimm Stellung zu den jeweiligen Aussagen der heutigen Politiker.

Kirche – Engagement für andere

A → Z

Reli-Lexikon:
Konzil

Bei einer Morgenandacht während der Jugendkonferenz 1934 in Fanö (Dänemark) verlangte Dietrich Bonhoeffer ein gesamtchristliches Friedenskonzil:
„Wer ruft zum Frieden, dass die Welt es hört, zu hören gezwungen ist, dass alle Völker darüber froh werden müssen? Nur das eine große ökumenische Konzil der Heiligen Kirche Christi aus aller Welt kann es so sagen, dass die Welt zähneknirschend das Wort vom Frieden vernehmen muss."

Die in Gang gesetzten ökumenischen Bewegungen verliefen global unterschiedlich: In Westeuropa standen andere Fragen an als in Osteuropa oder als in Afrika und den anderen Weltregionen. Das änderte sich erst wieder durch die allmähliche Erkenntnis gemeinsamer Glaubens-, Lebens- und Überlebensfragen.
Der Ökumenische Rat der Kirchen prüfte 1983 in Vancouver, „ob die Zeit reif ist für ein allgemeines christliches Friedenskonzil, wie es Dietrich Bonhoeffer angesichts des drohenden Zweiten Weltkrieges vor fünfzig Jahren für geboten hielt."

Ein ökumenisches Konzil war wegen der Trennung in Ost und West nicht möglich. So kam es zur Einigung auf einen „konziliaren Prozess gegenseitiger Verpflichtung auf Gerechtigkeit, Frieden und Bewahrung der Schöpfung".

Auf dem Gipfel von Rio de Janeiro 1992 einigten sich 178 Staaten auf ein gemeinsames Leitbild der Menschheit für das 21. Jahrhundert: die nachhaltige Entwicklung.

„Nachhaltige Entwicklung ist eine Entwicklung, die die Lebensqualität der gegenwärtigen Generation sichert und gleichzeitig zukünftigen Generationen die Wahlmöglichkeit zur Gestaltung ihres Lebens erhält." (Brundlandt-Kommission der Vereinten Nationen, 1987)

Der Kerngedanke der Bildung für nachhaltige Entwicklung ist: „Auf lange Sicht dürfen wir nicht auf Kosten der Menschen in anderen Regionen der Erde und auf Kosten zukünftiger Generationen leben. Umwelt, Wirtschaft und Gesellschaft beeinflussen sich gegenseitig. Es wird langfristig keinen wirtschaftlichen und gesellschaftlichen Fortschritt ohne intakte Umwelt geben."

1. Formuliere Ziele für ein ökumenisches Konzil.

2. Begründe den globalen Zusammenhang zwischen Gerechtigkeit, Frieden und Bewahrung der Schöpfung.

3. Erkläre, inwiefern sich Wirtschaft, Umwelt und Gesellschaft beeinflussen.

Der Konzilsgedanke bewegte im 20. Jahrhundert auch andere: In der Nähe des Klosters der mittelalterlichen Reformbewegung von Cluny entstand 1949 die ökumenische Bruderschaft von Taizé. Der Ordensgründer Frère Roger nahm dort während des Zweiten Weltkrieges jüdische Flüchtlinge auf. Zudem eröffnete er ein Kinderheim für Kriegswaisen. Nach Kriegsende kümmerte er sich zusammen mit drei anderen Brüdern um deutsche Kriegsgefangene.

Die Bruderschaft von Taizé verfolgte die Idee eines Konzils der Jugend, um die Einheit der Christen für Gerechtigkeit und Frieden von der jungen Generation her wachsen zu lassen. Insbesondere die Spiritualität von Taizé mit ihren Liedern, Gebeten und Gottesdienstformen wirkte in viele Kirchengemeinden hinein.

Versöhnungskirche in Taizé

Jedes Jahr findet über Silvester ein europäisches Jugendtreffen von Taizé in einer Großstadt Europas statt.

Die Erste Europäische Ökumenische Versammlung „Frieden in Gerechtigkeit" in Basel formulierte schon 1989 eine „Hausordnung eines europäischen Hauses" für das 21. Jahrhundert:

1. Das Prinzip der Gleichheit aller Bewohner, seien sie stark oder schwach,
2. die Anerkennung von Werten wie Freiheit, Gerechtigkeit, Toleranz, Solidarität und Partizipation,
3. eine positive Einstellung gegenüber Anhängern verschiedener Religionen, Kulturen und Weltanschauungen,
4. offene Türen und Fenster – mit anderen Worten: viele persönliche Kontakte und viel Gedankenaustausch,
5. Konfliktlösung durch Dialog und nicht durch Gewalt.

„So viele, verschiedene Jugendliche hier auf dem Hügel versammelt zu sehen, gleicht einem Fest und stärkt unsere Hoffnung, dass ein Zusammenleben der Menschen in Frieden möglich ist."

Frère Alois (Prior seit 2005)
bei einem Treffen in der Versöhnungskirche

A → Z

Reli-Lexikon:
Bruderschaft
Prior

Verweis:
Wie heute von Gott reden
▸ Kapitel 5, S. 52–53

4. Interpretiere das Foto aufgrund des nebenstehenden Zitats von Frère Alois.

5. Begründe, inwiefern die Bruderschaft von Taizé auch nach der „Hausordnung eines europäischen Hauses" lebt.

6. Entwerft eine Schulordnung für die Zusammenarbeit von Menschen unterschiedlicher Herkunft.

Plus

S. 126–127

Kirche – mehr als ein Gebäude

Mittlerweile gibt es Jugendkirchen, in denen Jugendliche ihre Art von Gottesdienst feiern, kreative Aktionen durchführen und Gemeinschaft erleben. Entwirf den Ablauf eines besonderen Angebots einer Jugendkirche zum Thema „Kirche als lebendige Steine".

S. 128–129

Kirche – ganz schön (ohn-)mächtig

Der Apostel Paulus war römischer Bürger. Deshalb konnte er sich auf den Kaiser berufen, als er gefangen genommen wurde. Er hat die „Pax romana", den römischen Frieden, als Schutz erlebt.

Begründe, warum manche Christen auch wegen dieser Bibelstelle Schwierigkeiten hatten, gegen das nationalsozialistische Regime zu widerstehen.

Apostel Paulus in Römer 13,1

Jeder soll sich der Regierung des Staates, in dem er lebt, unterordnen. Denn alle staatliche Autorität kommt von Gott, und jede Regierung ist von Gott eingesetzt.

Neue Genfer Übersetzung

S. 130–131

Kirche – Engagement für andere

„Schlage nur so viel Holz ein, wie der Wald verkraften kann! So viel Holz, wie nachwachsen kann!"

So formulierte Hans-Karl von Carlowitz schon 1713 das Prinzip der Nachhaltigkeit. Seit dieser ersten Definition hat sich der Begriff der Nachhaltigkeit weiter entwickelt. Heute gibt es einige Konzeptionen, die ähnliche Ziele verfolgen: konziliarer Prozess (Frieden, Gerechtigkeit und Bewahrung der Schöpfung), „Leben in der Einen Welt", globales Lernen („Global denken, lokal handeln"), interkulturelles Lernen und die „Bildung für nachhaltige Entwicklung". Durch Erziehung und Bildung soll das Bewusstsein gestärkt werden, dass das Verhalten eines jeden Menschen Konsequenzen für die Lebensumstände anderer Menschen in aller Welt hat. Dadurch sollen letztendlich Veränderungen im Verhalten der Menschen angeregt werden, die der Schaffung einer Zukunft im Sinne einer nachhaltig ökologisch-handelnden, friedlichen und gerechten Gesellschaft dienen. Die Vereinten Nationen (UN) wollten unter anderem in der Schulbildung das Thema Nachhaltigkeit umsetzen.

Nimm Stellung, ob Ziele dieser Konzeptionen an deiner Schule erreicht wurden.

Check up

Blick zurück

Du weißt nun, dass Kirchengemeinden unterschiedliche Angebote für alle Altersgruppen machen. Aus Nächstenliebe den anderen zu helfen, ist ein wesentliches Merkmal kirchlichen Handelns. Deshalb haben sich Christinnen und Christen für ungerecht behandelte Mitmenschen eingesetzt. Dabei kamen sie auch in Konflikt mit staatlichen Institutionen. Auch heute bietet die evangelische Kirche durch die Diakonie viele Hilfsleistungen an. Die Kirchen engagieren sich auch ökumenisch für Gerechtigkeit, Frieden und die Bewahrung der Schöpfung.

Betrachte noch einmal die Fragen auf S. 124–125. Schreibe auf, was du jetzt anders siehst als zu Beginn des Kapitels.

Du kannst

… die Bedeutung des Kirchenraumes für die Kirchengemeinde erklären.
… die verschiedenen Angebote der Kirchengemeinden unterscheiden.
… ein Beispiel für das Verhältnis zwischen Staat und Kirche benennen.
… Beispiele des christlichen Widerstandes gegen Extremismus benennen.
… christliche Positionen im Nationalsozialismus beschreiben.
… die Notwendigkeit des Darmstädter Wortes begründen.
… die Bedeutung kirchlichen Handelns heute für die Gesellschaft erklären.
… ökumenische Aktivitäten im Rahmen des konziliaren Prozesses erläutern.
… Möglichkeiten der Bildung für nachhaltige Entwicklung darstellen.
… die Motivation und die Ziele der Bruderschaft von Taizé nennen.

Idee

Unser Handeln hat Konsequenzen für andere. Die „Bildung für nachhaltige Entwicklung“ verknüpft Wirtschaft, Gesellschaft und Umwelt. Zugleich berücksichtigt der „konziliare Prozess“ wichtige Überlebensthemen: Frieden, Gerechtigkeit und Fürsorge für die Schöpfung. Die Konzeption „globales Lernen“ hat das lokale Handeln mit der globalen Verantwortung verbunden.
Wählt euch eine Woche aus, in der ihr bewusst diesen Impulsen der behandelten Konzeptionen der Nachhaltigkeit nachspürt. Analysiert euren eigenen Alltag sowie die Informationen aus den Medien, die euch begegnen.
Tragt am Ende eure Beobachtungen und Erfahrungen im Blick auf Nachhaltigkeit in dieser ausgewählten Woche zusammen und nehmt Stellung zur Wirkung der Bildung für nachhaltige Entwicklung in eurer Umgebung.

13 Abrahamitischer Dialog

WEISST DU WER ICH BIN?

Was verbindet Christen, Juden und Muslime?

Wie gehen Menschen mit Fremdem um?

Wie können Religionen in Frieden zusammenleben?

Abraham – ein Freund des Glaubens

Abraham in den heiligen Schriften

Als nun Abram neunundneunzig Jahre alt war, erschien ihm der HERR und sprach zu ihm: Ich bin der allmächtige Gott; wandle vor mir und sei fromm.
Und ich will meinen Bund zwischen mir und dir machen und ich will dich gar sehr mehren.
Da fiel Abram auf sein Angesicht. Und Gott redete weiter mit ihm und sprach: Siehe, ich bin's und habe meinen Bund mit dir, und du sollst ein Vater vieler Völker werden.
Darum sollst du nicht mehr Abram heißen, sondern Abraham soll dein Name sein; denn ich habe dich gemacht zum Vater vieler Völker und will dich gar sehr fruchtbar machen und will von dir Völker machen, und sollen auch Könige von dir kommen. Und ich will aufrichten meinen Bund zwischen mir und dir und deinem Samen nach dir, bei ihren Nachkommen, dass es ein ewiger Bund sei, also dass ich dein Gott sei und deines Samens nach dir.

1. Mose 17,1–7
nach der Übersetzung Martin Luthers, 1912

Und er (Abraham) hat geglaubt auf Hoffnung, da nichts zu hoffen war, auf dass er würde ein Vater vieler Völker, wie denn zu ihm gesagt ist: „Also soll dein Same sein." Und er ward nicht schwach im Glauben, sah auch nicht an seinem eigenen Leib, welcher schon erstorben war (weil er schon fast hundertjährig war), auch nicht den erstorbenen Leib der Sara; denn er zweifelte nicht an der Verheißung Gottes durch Unglauben, sondern ward stark im Glauben und gab Gott die Ehre und wusste aufs allergewisseste, dass was Gott verheißt, das kann er auch tun. Darum ist's ihm auch zur Gerechtigkeit gerechnet.

Römer 4,18–22
nach der Übersetzung Martin Luthers, 1912

Abraham war weder Jude noch Christ; doch er war immer (Gott) zugeneigt und (Ihm) gehorsam, und er war nicht der Götzendiener einer.
Sicherlich sind die Abraham Nächststehenden unter den Menschen jene, die ihm folgten, und dieser Prophet* und die Gläubigen. Und Allah ist der Freund der Gläubigen. (3:67,68)
Und wer hat einen schöneren Glauben als jener, der sich Allah ergibt, der Gutes wirkt und der dem Bekenntnis Abrahams, des Aufrechten im Glauben, folgt? Und Allah nahm Sich Abraham besonders zum Freund. (4:125)

*Mit „dieser Prophet" ist Muhammad gemeint.

Methode:
Theologisieren
S. 183

1. Ordne die Textauszüge aus den heiligen Schriften jeweils ihrer Religion zu.

2. Wie wird die Person Abrahams in den unterschiedlichen Textauszügen dargestellt? Trage in eine Tabelle Gemeinsamkeiten und Unterschiede ein.

3. Nehmt den biblischen Text 1. Mose 22,1–14 als Anlass zum Theologisieren.

Deutungsversuche

Souvigny-Bibel, 12. Jh.

Der Heilswille (Gottes) umfasst (neben den Juden) aber auch die, welche den Schöpfer anerkennen, unter ihnen besonders die Muslime, die sich zum Glauben Abrahams bekennen und die mit uns den einen Gott anbeten, den barmherzigen, der die Menschen am Jüngsten Tag richten wird.

aus: Lumen gentium, II. Vatikanisches Konzil

A → Z

Reli-Lexikon: abrahamitisch

Gelegentlich wird in kirchlichen Texten auf die „gemeinsame abrahamitische Tradition" verwiesen. Hierbei besteht die Gefahr, das im gemeinsamen Ursprung Verbindende so stark ins Zentrum zu rücken, dass das Spezifische an Wert verliert und unscharf wird.

aus: Zusammenleben mit Muslimen in Deutschland, herausgegeben vom Kirchenamt der EKD

4. **a)** Beziehe das Bild auf die Texte auf der linken Seite.

b) Finde eine Überschrift für das Bild.

5. Analysiere die Zitate in den Sprechblasen.

6. Setze dich kritisch mit der Bedeutung Abrahams für die unterschiedlichen Religionen auseinander.

Vom Umgang mit der fremden Religion

Zur religiösen Herkunft stehen

135 n. Chr. wurde Judäa von den Römern zerschlagen. Die in Israel ansässigen Juden wurden in der ganzen damals bekannten Welt verstreut. Man spricht auch von der Diaspora („Zerstreuung") der Juden. Sie gelangten als römische Sklaven oder Fernhändler in fast alle Teile des Römischen Reiches. Sie hatten keinen Staat mehr, in dem sie ihrer Kultur und Religion ungestört nachgehen konnten. Fortan waren sie eine heimatlose Minderheit in Europa.
Umso mehr achteten sie auf die Bewahrung ihrer Glaubenstraditionen.

A → Z

Reli-Lexikon:
Diaspora
Holocaust

Er ist mit seiner Tochter unterwegs, seine Kippa hat er unter einem Basecap versteckt. Aber irgendwie müssen die vier Jugendlichen die Gebetskappe doch gesehen haben. „Bist du Jude?", fragt einer von ihnen. Dann prügeln sie auf Rabbi Daniel Alter (53) ein, seiner sechsjährigen Tochter drohen sie mit dem Tod.

Wenige Tage später kommt es zu einem weiteren Vorfall: Eine Gruppe jüdischer Schülerinnen wird von Jugendlichen bespuckt und mit antisemitischen Sprüchen beleidigt.

Der Vater einer der betroffenen Schülerinnen sagt:

„Wir Eltern haben unserer Tochter erklärt, dass sie keine Angst haben muss. Denn die Mehrheit der Gesellschaft verhält sich normal. Wir Juden dürfen uns nicht verstecken. Auf keinen Fall", wiederholt der Vater immer wieder.

Auch seinen Kindern würde er niemals davon abraten, jüdische Symbole öffentlich zu tragen. „Wir sind, wer wir sind."

Information

Im Laufe der Zeit sind zahlreiche Ansichten über Juden entstanden und weitervermittelt worden. Die Gründe für diese Vorstellungen sind unterschiedlich:
Zu Beginn steht die religiös begründete Feindschaft des Christentums gegenüber dem Judentum. Die christliche Gesellschaft hat die Juden in eine besondere Berufsstruktur gezwungen. So entwickelte sich im Mittelalter eine ökonomisch begründete Feindschaft: Juden gelten als Wucherer, Betrüger, Kapitalisten und Spekulanten. Damit wiederum hängt die Idee zusammen, Juden seien eine mächtige Gruppe, die mit ihrem Geld weltweit die Politik bestimmt. Zu diesen Vorstellungen kommen rassistische Ansichten über den jüdischen Körper. Juden gelten demnach als schwach, gebückt und hakennasig sowie als sexuell bedrohlich. Die hier genannten Ansichten sind bis heute mehr oder weniger wirksam geblieben.

1. Tragt zusammen, welche jüdischen Symbole ihr kennt und was sie bedeuten.

2. Welche Aspekte aus dem Infokasten kannst du in dem Zeitungsartikel wiederfinden.

3. Sucht nach Spuren jüdischer Geschichte in eurer Stadt. Tragt eure Ergebnisse auf einer Wandzeitung zusammen.

Eine religiöse Heimat suchen

Der Kölner Architekt Ahmet Altunbas berichtet:
„Bereits in den 70er-Jahren hat die erste Generation türkischer Gastarbeiter Moscheegemeinden gegründet. Sie wollten sich in der Fremde heimisch fühlen, ihre eigenen Werte und Lebensentwürfe in der Fremde wahren.
Daraufhin sind die ersten Moscheen entstanden – in Hinterhöfen, Kellern und Fabriketagen, eingeklemmt zwischen Nachtclubs, Bordellen und Kneipen in trostlosen Ecken der Stadt.
Später wurden Moscheen gebaut, die für jedermann sichtbar waren; sie prägten zunehmend das städtische Bild."

Altunbas ergänzt: „Sobald etwas Fremdes sichtbar wird, entstehen hitzige Debatten und Ängste."

Es gibt rund 2600 Moscheen in Deutschland – und das ist gut so.
Johannes Stinghammer, CSU-Politiker

Methode:
Dialog schreiben
S. 167
Plakat erstellen
S. 175

4. Beschreibe die auf dem Foto dargestellte Situation.

5. Fertige mithilfe der Erläuterungen des Architekten Altunbas ein Plakat für eine Gegendemonstration an.

6. ❀ Stell dir vor, Johannes Stinghammer kommt mit einem der auf dem Foto abgebildeten Demonstranten ins Gespräch. Schreibe einen Dialog.

Religionen im Gespräch

Muss man immer für den anderen mitdenken?

Eine Stadt war innerhalb von 15 Jahren von 8 000 auf 20 000 Einwohner angewachsen. Die alteingesessene Bevölkerung war unsicher und ängstlich. Viele der Zugezogenen kamen aus der ehemaligen Sowjetunion und der Türkei. Die Stadt beschloss, Verständnis und Toleranz im Zusammenleben zu fördern.

Dazu bildete sich eine Gruppe von Bürgern ohne Migrationshintergrund, von Einwohnern mit türkischem und russlanddeutschem Hintergrund und von Vertretern verschiedener sozialer Institutionen. Diese Gruppe sollte Vorschläge erarbeiten, wie sich das Zusammenleben verbessern ließe. Mittags ging die Gruppe gemeinsam essen – immer in einem anderen Restaurant der Stadt. Anfangs erläuterte der verantwortliche Sozialarbeiter, dass das Essen kein Schweinefleisch enthalte.

Beim dritten Treffen ging die Gruppe in ein chinesisches Restaurant.
Diesmal sagte der Sozialarbeiter nichts zum Essen. Da rief eine Muslima aus der Gruppe: „Da ist Schweinefleisch!" Alle Muslime ließen ihre Gabel fallen. Eine Frau fragte den Sozialarbeiter, warum er nichts zum Essen gesagt habe. Er antwortete: „Es hat niemand gefragt! Und es gibt ja auch eine Speise mit Hühnerfleisch!" Die Emotionen kochten hoch: „Müssen wir jedes Mal fragen? Ist nicht bekannt, dass Muslime kein Schweinefleisch essen?"

Der Wirt kam angelaufen und erkundigte sich, ob mit dem Essen etwas nicht stimme. Ein Teilnehmer antwortete: „Einigen von uns schmeckt kein Schweinefleisch und sie wussten nicht, dass in dem Essen Schweinefleisch ist." Nun wurden die Muslime noch ärgerlicher und meinten: „Es geht nicht darum, ob es uns schmeckt! Es geht um unseren Glauben!" Ein Muslim sagte zum Sozialarbeiter: „Sie werden es einmal vor Gott verantworten müssen, was Sie heute getan haben!" Nun war auch der Sozialarbeiter sehr verärgert: „Muss man immer für euch mitdenken? Ich habe wegen euch zweimal auf Schweinefleisch verzichtet. Es gibt auch ein Essen ohne Schweinefleisch und ihr hättet ja fragen können, welcher Topf kein Schweinefleisch enthält!"

EKD

Methode:
Pro- und Kontra-Diskussion
S. 176

1. Erzähle die im Text dargestellte Begebenheit aus der Sicht eines Gruppenmitgliedes nach.

2. „Muss man immer für euch mitdenken?" – Führt zu dieser Aussage eine Pro- und Kontra-Diskussion durch.

3. Schreibe eine Fortsetzung des Textes.

Projekt Schule gegen Rassismus und Intoleranz für den Dialog zwischen den Religionen

Verleihung des Abraham-Pokals an Bochumer Schulen

Stadt Bochum

Kinder- und Jugendring Bochum e.V.

Die Idee

Um junge Menschen zu ermutigen, gegen Rassismus und Intoleranz in der Gesellschaft aktiv zu werden, wird in Bochum jährlich der Abraham-Pokal an eine Schule verliehen. Das Besondere dabei ist, dass der Pokal nicht für Geleistetes verliehen wird, sondern Aufforderungscharakter hat. Die Schule, die den Pokal annimmt, verpflichtet sich, ein Jahr lang Projekte für eine multikulturelle Gesellschaft und gegen Rassismus, Fanatismus und Terrorismus durchzuführen. Zu Beginn des Projektes fertigen die Schülerinnen und Schüler unter Anleitung eines Künstlers einen eigenen Abraham-Pokal für ihre Schule an.

Umsetzung

Die von den Schülerinnen und Schülern durchgeführten Projekte werden jeweils auf einer großen Abschlussveranstaltung präsentiert. Im Rahmen dieser Veranstaltung wird der Abraham-Pokal symbolisch an die nächste Partnerschule weitergegeben.

A → Z

Reli-Lexikon: Dialog zwischen den Religionen (interreligiöser Dialog)

Eine Bildercollage: Abraham-Pokal 2011 der Realschule Höntrop (Wattenscheid)

4. Beschreibe den Abraham-Pokal der Realschule Höntrop.

5. Warum ist der Pokal nach Abraham benannt? Schreibt in Partnerarbeit eine entsprechende Erklärung für den Flyer zum Abraham-Pokal.

6. Sammelt möglichst konkrete Ideen, wie ihr euch als Reli-Gruppe für den Abraham-Pokal bewerben könntet.

Plus

S. 136–137

Abraham – ein Freund des Glaubens

Methode:
Internetrecherche S. 171
Reziprokes Lesen S. 177

1. Erarbeitet euch einen der Bibeltexte 1. Mose 12,1–9; 1. Mose 13,1–12; 1. Mose 18,1–14 mithilfe des reziproken Lesens.
2. Suche dir zwei Partner, die in ihrer Gruppe einen der anderen beiden Texte bearbeitet haben. Nutzt eure Ergebnisse, um Abraham zu charakterisieren.
3. Recherchiere zum islamischen Opferfest. Achte dabei auf die Bedeutung Abrahams für dieses Fest.

S. 138–139

Vom Umgang mit der fremden Religion

Hinter diesem Plakat verbirgt sich ein Projekt, das von Christen, Muslimen und Juden gemeinsam verantwortet wurde. Über einen Zeitraum von mehreren Jahren haben Schülerinnen und Schüler Ideen entwickelt, wie sie das friedliche Zusammenleben der Religionen an ihrer Schule fördern können.

Methode:
Plakat erstellen S. 175

1. Beschreibe, wie das Plakat auf dich wirkt.
2. Entwirf dein eigenes Plakat zum Thema.

S. 140–141

Religionen im Gespräch

Chat

Gregor 90: Hallo, wer kann mir helfen? Toleranz, Akzeptanz, Respekt – wo genau liegt der Unterschied?

SamiraSun: Das Wort Toleranz finde ich schwierig. Toleranz hat immer Grenzen, die ich selbst setze, wenn ich mich selbst als tolerant bezeichne. Akzeptanz sagt etwas ganz anderes aus. Wenn ich etwas akzeptiere, dann nehme ich einen Menschen oder eine Meinung wirklich an. Respekt sollte man jedem gegenüber haben. Dabei muss es egal sein, ob ich das jeweilige Leben, die Kultur oder die Religion akzeptiere oder nicht.

Kommentiere den Auszug aus einem Chatgespräch.

Check up

Blick zurück

Du hast dich mit
- der Person Abraham und ihrer Bedeutung für Christen, Juden und Muslime,
- der Suche nach einer religiösen Heimat,
- dem Misstrauen gegenüber Fremdem,
- Chancen und Herausforderungen eines toleranten Umgangs mit Andersgläubigen

beschäftigt.

Dabei hast du immer wieder deinen eigenen Standpunkt, deine eigenen Erfahrungen und deine eigenen Handlungsmöglichkeiten in den Blick genommen.
Nun betrachte noch einmal die Texte und die Fragen auf Seite 134–135. Vergleiche deine Antworten auf die drei Fragen mit deinen jetzigen Antworten.

Du kannst

... die Bedeutung der Person Abrahams für Christen, Juden und Muslime erläutern.
... von der Suche der Juden nach einer religiösen Heimat erzählen.
... Argumente für und gegen den Bau von Gotteshäusern fremder Religionen benennen.
... Chancen und Herausforderungen im Miteinander von Menschen unterschiedlicher Religionen identifizieren.
... Ideen für die Förderung eines toleranten Miteinanders entwickeln.
... probeweise die Perspektive einer anderen Religion einnehmen.
... intolerantes Verhalten gegenüber Menschen anderer Religionen problematisieren.
... anderen Religionen respektvoll begegnen.

Idee

Sucht nach Spuren christlichen, jüdischen und muslimischen Lebens in eurer Stadt. Dabei könnt ihr z. B. Fotos machen, Berichte schreiben oder Personen interviewen.
Fertigt aus eurem Material eine Ausstellung an, zu der ihr Schülerinnen und Schüler und Lehrerinnen und Lehrer eurer Schule einladet.

14 Dialog mit Hindus und Buddhisten

Wie können wir die Religionen anderer verstehen?
Was ist Menschen heilig?
Wie ist ein Dialog zwischen den Religionen möglich?

Wie können wir die Religionen anderer verstehen?

Mahatma Gandhi – ein gewaltloser Widerstandskämpfer

A → Z

Reli-Lexikon:
Mahatma Gandhi

Mittlerweile leben viele Hindus und Buddhisten bei uns in Deutschland. Die Schüler einer Reli-Gruppe möchten erfahren, welche Regeln oder Rituale es in anderen Religionen gibt, woher diese kommen und ob man nicht auch von anderen Religionen etwas lernen kann.

Der Hindu Mahatma Gandhi (wörtlich Mahatma als Ehrenname: „Große Seele") lebte von 1869–1948 in Indien. Er wurde in Porbandar (Gujarat) als jüngstes von fünf Kindern geboren. Obwohl die hinduistische Familie dem Kastensystem angehört, waren auch Anhänger anderer Religionen oft in dem Haus seiner Eltern zu Gast.
Gandhi studierte Jura und wurde Anwalt in Bombay. Durch einen Rechtsfall in Südafrika motiviert, setzte er sich fortan für die Rechte von Indern in Südafrika ein. Die Haltung des gewaltlosen Widerstandes nannte er „Satyagraha" (Festhalten an der Wahrheit).

Er war der Anführer einer Unabhängigkeitsbewegung, die sich 1947 gegen die britische Kolonialmacht auflehnte. Dies geschah gewaltlos, mit einer Haltung der Nichtzusammenarbeit, z. B. durch Hungerstreiks, Ungehorsam, waffenlosen Widerstand, zahlreiche Reden und Gespräche. Er forderte die Menschenrechte für Frauen und Außenseiter der Gesellschaft, wandte sich gegen das vorherrschende Kastenwesen und setzte sich für die Versöhnung von Hindus und Moslems ein.
Mahatma Gandhi verbrachte acht Jahre in verschiedenen Gefängnissen und starb durch ein Attentat. Mehrmals wurde er für den Friedensnobelpreis nominiert. In seinem Todesjahr wurde der Friedensnobelpreis symbolisch nicht vergeben.

! Information

Kastenwesen
Der Begriff „Kaste" bezeichnet die gesellschaftlich bedingte und geförderte Einordnung von Menschen in verschiedene hierarchische Gruppen und ist insbesondere in Indien weit verbreitet. Die Mitglieder von geringer angesehenen Kasten haben weniger Chancen der beruflichen und familiären Entwicklung. Da man in eine Kaste hineingeboren wird und eine Heirat von Mitgliedern zweier verschiedener Kasten nahezu unmöglich ist, ist auch ein Aufstieg sehr schwierig. Die Kriterien dieser Gesellschaftsordnung sind regional sehr verschieden und viele sehen dieses System mittlerweile sehr kritisch.

1. Beschreibt, was Gandhis Leben kennzeichnet.

2. „First they ignore you, then they laugh at you, then they fight at you, then you win." Interpretiert diesen Satz von Mahatma Gandhi in Bezug auf sein Leben. Diskutiert eine mögliche Bedeutung für euer Leben.

Die Götterdreiheit „Trimurti“: Brahma, Vishnu, Shiva

Information

Karma
Im Hinduismus glaubt man zudem, dass jede Handlung, auch Gedanken, immer eine Folge haben (das Karma, d.h. „Wirken, Tat“), die sich nicht nur sofort, sondern auch im nächsten Leben zeigen kann (Reinkarnation). Das Karma wird nicht durch einen Gott geprägt, sondern stellt eher eine Art Konsequenz dar, die sich aus der Handlung ableitet. Um den ewigen Kreislauf der Geburten zu unterbrechen, ist es das Ziel, gar kein Karma mehr zu erzeugen.

A → Z

Reli-Lexikon:
Reinkarnation

Information

Gottheiten im Hinduismus
Brahma, Wischnu und Schiwa sind drei bekannte Gottheiten: Brahma gilt als Ursprungsgott, als Schöpfer der Welt und als Herrscher des Weltalls. Wischnu bekämpft das Böse und beschützt die Welt, die Götter und die Menschen. Oft wird er in verschiedenen Gestalten (Fisch, Schildkröte, „Löwenmensch“, Eber etc.) dargestellt. In Schiwa sind viele Gegensätze vereint. Er gilt einerseits als Zerstörer der Welt, andererseits erschafft er die Welt wieder. Oft wird Schiwa in einem Flammenkreis dargestellt, wie er tanzend die Welt erneuert. Der Flammenkreis weist darauf hin, dass sich das Schicksal der Welt und der Menschen wie ein Rad dreht. Die drei Gottheiten werden oft zusammen als eine Gottheit abgebildet.

Information

Hinduismus
Der Hinduismus ist eine Sammelbezeichnung für eine ganze Gruppe verschiedener Religionen Indiens, die man auch Hindu-Religionen nennt, von denen einige bereits etwa 2000 v. Chr. entstanden sind. Im Hinduismus gibt es ein große Anzahl Götter und Göttinnen sowie viele kleinere Natur- und Hausgeister. Die höchsten Götter sind Brahma, Wischnu und Schiwa.

Methode:
Text-Bild-Collage
S. 181

3. Beschreibt das Bild der drei Gottheiten und zieht dann eine Verbindung zum Text über Mahatma Gandhi.

4. Überlegt, wie die Vorstellung vom Karma Gandhis Verhalten geprägt hat.

5. Polytheismus ist die Verehrung mehrerer Götter in einer Religion. Gestaltet eine Text-Bild-Collage zur polytheistischen Götterverehrung im Hinduismus.

Was ist Menschen heilig?

A → Z

Reli-Lexikon:
Dalai Lama
Karma

Der 14. Dalai Lama (wörtlich „ozeangleicher Lehrer") gilt im Buddhismus als Wiedergeburt des 13. Dalai Lama. In Tibet erhielt der Dalai Lama seine mönchische Ausbildung in buddhistischer Philosophie und Meditation.
Mit fünfzehn Jahren wurde er zum geistigen und weltlichen Oberhaupt Tibets ernannt. Als chinesische Truppen in Tibet einmarschierten, floh 1959 der Dalai Lama nach Indien.
Für seine gewaltlosen Bemühungen für die Befreiung Tibets erhielt er 1989 den Friedensnobelpreis. Er wird regelmäßig von verschiedenen Ländern eingeladen, um vor Tausenden Besuchern die buddhistische Lehre darzulegen und Vorträge über menschliche Werte zu halten.

Der Dalai Lama schreibt in seiner Autobiografie „Das Buch der Freiheit":

Der Gründer des Buddhismus war Siddhartha Gautama, der vor mehr als zweitausendfünfhundert Jahren lebte und zu Buddha Shakyamuni wurde.

[…] Grundlegend für den Buddhismus ist die Lehre des abhängigen Entstehens oder das Gesetz von Ursache und Wirkung. Dies besagt schlicht, daß jede Erfahrung eines Individuums auf eine motivationsbedingte Handlung zurückzuführen ist. Motivation ist also die Wurzel von Handlung und Erfahrung. Diese Vorstellung liegt den buddhistischen Theorien von Bewußtsein und Wiedergeburt zugrunde. […]

Buddhisten glauben, daß man aus diesem unaufhörlichen Kreislauf von Geburt, Leiden, Tod und Wiedergeburt, […] ausbrechen kann, aber erst, wenn alles negative Karma ausgelöscht ist. […] Gelangt man an diesen Punkt, erreicht man das Bewußtsein der Befreiung, und man wird schließlich zum Buddha. […]

Mich sieht man als Reinkarnation eines jeden der vorangegangenen dreizehn Dalai Lamas. […] Ich werde oft gefragt, ob ich das wirklich glaube. Die Antwort darauf ist nicht leicht. Doch wenn ich […] auf meine Erfahrungen in diesem Leben zurückblicke, und hinzunehme, was ich als Buddhist glaube, dann fällt es mir nicht schwer zu akzeptieren, daß es zwischen mir und den früheren dreizehn Dalai Lamas […] und selbst Buddha eine spirituelle Verbindung gibt.

1. Begründet, warum der Name Buddha „Erwachter" heißt.

2. Erklärt euch gegenseitig in Partnerarbeit das Gesetz von Ursache und Wirkung im Buddhismus. Gestaltet ein Bild dazu.

Die vier Wahrheiten des Buddhismus

Der Buddhismus ist eine Lehre und eine Religion, die ursprünglich aus Indien stammt und hauptsächlich in Asien verbreitet ist. Sie ist die viertgrößte Religion auf der Welt. Im Buddhismus versucht man das leidvolle Leben der Menschen zu überwinden, um dem Kreislauf des immerwährenden Zustands des Leidens zu entkommen. Die Lehre besteht aus vier edlen Wahrheiten:

1. Wahrheit: Das Leben ist durch Leid von Geburt bis zum Tod bestimmt.

2. Wahrheit: Das Leid wird durch die drei „Geistesgifte" Gier, Hass und Verblendung verursacht.

3. Wahrheit: Durch Vermeidung der „Geistesgifte" entsteht Glück.

4. Wahrheit: Die Mittel der Vermeidung sind im edlen Achtfachen Pfad (rechte Erkenntnis, Absicht, Rede, Handeln, Lebenserwerb, Übung, Achtsamkeit und Meditation) zu finden.

Die 4. Wahrheit: Der Achtfache Pfad

1. Stufe: Rechte Erkenntnis
Rechtes Erkennen heißt, die Wirklichkeit hinter den vordergründigen Erscheinungen zu sehen.

2. Stufe: Rechte Absicht
Dies ist die Bildung und Festigung ethischer Normen.

3. Stufe: Rechte Rede
Die neuen Normen und Regeln, die ich für mich als gültig erkannt habe, werden ausgesprochen.

4. Stufe: Rechtes Handeln
Die vierte Stufe ist die logische Weiterentwicklung der rechten Rede und mündet in das rechte Handeln.

5. Stufe: Rechter Lebenserwerb
Als Konsequenz ist der Lebenserwerb ebenfalls rechtens zu führen.

6. Stufe: Rechte Übung
Das ist die gedankliche Festigung und Verankerung der Rede, des Handelns, der Absicht und der Erkenntnis, die sogenannte „Sammlung".

7. Stufe: Rechte Achtsamkeit
In dieser Stufe erreicht man eine „Bewusstseinsklarheit" der Wirklichkeitserkenntnis. Falsche Sichtweisen werden durch Beobachtung der Wirklichkeit ausgeschlossen.

8. Stufe: Rechte Meditation
Wenn alle sieben Stufen erfüllt sind, kommt man in einen Zustand der rechten Meditation. Hier sind weder Gier, noch Aggression, Müdigkeit im Geist und Körper, Aufgeregtheit oder Unruhe oder Zweifel vorhanden, sodass man ein vollkommenes Glückgefühl erfährt.

A → Z

Reli-Lexikon:
Buddha
Buddhismus
Meditation
Nirwana

3. Beschreibt die vier Wahrheiten des Buddhismus.

4. Was könnten weitere „Geistesgifte" sein? Erläutert und findet Beispiele.

5. Findet Gemeinsamkeiten zwischen den vier Wahrheiten der buddhistischen Lehre mit den Lehren oder Aussagen im Christentum.

Wie ist ein Dialog zwischen den Religionen möglich?

Die Schüler der Reli-Gruppe aus der Hammer Gesamtschule besuchen den Hindu-Tempel außerhalb der Stadt. Der Hindu-Tempel mit dem Namen „Sri-Kamadchi-Ampal-Tempel“ in der nordrhein-westfälischen Stadt Hamm (seit 2002) ist der zweitgrößte hinduistische Tempel in Europa.

Am jährlichen Tempelfest nehmen über 25 000 Gläubige und Besucher aus der ganzen Welt teil. Zur Hindu-Gemeinde in Nordrhein-Westfalen zählen über 5 000 Menschen, etwa 60 000 tamilische Hindus leben insgesamt in Deutschland.

Der Tempel ist der Göttin Kamadchi gewidmet, die „die Wünsche von den Augen abliest“ oder die „mit den Augen der Liebe“. Insgesamt sind im Tempel ca. 200 weitere Figuren von Gottheiten zu finden.

Im Tempel finden täglich drei Gottesdienste statt, an denen auch Nicht-Hindus teilnehmen dürfen. Regelmäßig besuchen Schulklassen den Tempel und erhalten dort Führungen. Der Priester heißt die Besucher mit einem „Vanakkam“ (tamilisch: „Gruß“, „einander grüßen“) willkommen. Die Hindus verbeugen sich beim Betreten des Tempels mit zusammengefalteten Händen und sprechen einen kurzen, heiligen Gruß. So erweisen sie den Göttern Respekt, Dank und Hingabe.

Methode: Internetrecherche S. 171

1. Beschreibt die Besonderheiten des Hindu-Tempels in Hamm.

2. Recherchiert zu verschiedenen Grußformeln in den unterschiedlichen Religionen.

3. Beschreibt Gemeinsamkeiten und Unterschiede zwischen einem hinduistischen Tempel und einem buddhistischen Zentrum.

Auf einer Klassenfahrt besucht die Reli-Gruppe auch das Buddhismus-Zentrum in Hamburg. Dieses Zentrum wurde in den 1970er-Jahren gegründet und ist eines der größten buddhistischen Zentren Deutschlands. Hier arbeiten ehrenamtlich ca. 500 Mitglieder mit. Auf dem Gelände finden sich Räume für Meditationen, Seminare und Vorträge, eine buddhistische Bibliothek sowie ein Shop mit Literatur und Kunsthandwerk. Das Buddhismus-Zentrum gehört neben weiteren 27 Zentren zum Verbund der „Buddhistischen Zentren Norddeutschland der Karma-Kagyü-Linie e. V.". Derzeit existieren in Deutschland rund 600 buddhistische Gruppen und Gemeinschaften mit ca. 250 000 aktiven Buddhisten, die Hälfte davon eingewanderte Asiaten.

Während des Besuchs im Shop sehen die Schüler der Reli-Gruppe ein Buch des christlichen Theologen Paul Knitter „Without Buddha I couldn't be a Christian". Sie lesen bei Paul Knitter, dass man den christlichen Glauben viel besser aus der Perspektive einer anderen Religion verstehen kann. Paul Knitter betont zum Beispiel auch die Kraft und Macht der Stille, die im Buddhismus viel deutlicher als im Christentum ist. Dadurch könnten Christen auch buddhistische Methoden in die Gebetspraxis integrieren. Knitter plädiert sogar für die Einführung eines neuen Sakraments, das der Stille und der Meditation.

Nach dem Besuch diskutiert die Reli-Gruppe über Möglichkeiten eines Dialogs zwischen den Religionen.

Methode:
Pro- und Kontra-Diskussion
S. 176

4. ❀ Führt eine Pro- und Kontra-Diskussion zu dem Buchtitel „Without Buddha I couldn't be a Christian".

5. Diskutiert über die Möglichkeiten eines Dialogs zwischen den Religionen.

Plus

S. 146–147

Wie können wir die Religionen anderer verstehen?

Nina (15) will einmal ausprobieren, einen Tag lang nach dem Achtfachen Pfad des Buddhismus zu leben. Schreibe für sie einen entsprechenden Logbuch- oder einen Tagebucheintrag.

S. 148–149

Was ist Menschen heilig?

Das bekannte Holi-Fest wird im Hinduismus jeweils im Frühling gefeiert, um an einem Tag die Auflösung der Kasten zu begehen. Mittlerweile wird dieses Fest jedoch auch in vielen Ländern, gerade auch von Nicht-Hindus, ausgelassen gefeiert.

Diskutiert darüber, ob man dieses Ritual auch als Christ feiern kann.

S. 150–151

Wie ist ein Dialog zwischen den Religionen möglich?

Lest euch die Dialogprinzipien zum interreligiösen Lernen von Karl Ernst Nipkow durch:

1. Überwältige die andere Religion nicht mit eigenen Vorstellungen.
2. Versuche, Vertreter anderer Religionen wirklich zu verstehen.
3. Erkenne die andere Religion an, auch wenn du diese für dich nicht annehmen kannst.
4. Argumentiere ehrlich und stelle ernsthafte Fragen.
5. Erläutere deinen eigenen Standort.
6. Begegne den Vertretern der anderen Religion mit Respekt und Wertschätzung.

Erarbeitet in Partnerarbeit zu jedem Prinzip eine Umsetzungsmöglichkeit oder ein Beispiel.

Check up

Blick zurück

Du hast Mahatma Gandhi als Vertreter des Hinduismus und seinen gewaltlosen Widerstand kennengelernt.
Du hast den Dalai Lama als Vertreter des Buddhismus und seinen Weg der Erleuchtung näher kennengelernt.
Du hast die Begriffe „Kaste“, „Monotheismus“, „Polytheismus“, „Reinkarnation“, „Meditation“ und „Karma“ kennengelernt.

Schau dir noch einmal das Bild auf S. 144–145 an. Vergleiche deine Antworten auf die drei Fragen mit deinen jetzigen Antworten.

A → Z

Reli-Lexikon:
Monotheismus
Polytheismus

Du kannst

… über Grundzüge des Hinduismus und Buddhismus Auskunft geben.
… Gemeinsamkeiten zwischen den Religionen benennen.
… Möglichkeiten eines Dialogs zwischen den Religionen nennen.

Idee

Erkundigt euch, ob es bei euch in Wohnortnähe auch ein buddhistisches Zentrum oder einen hinduistischen Tempel gibt. Organisiert eine Exkursion.

15 Fest im Fahrwasser. Fest der Hoffnung

Was braucht man wirklich zum Leben?

Was muss ich unbedingt tun?

Wie kann es gut werden?

Was man kaufen kann und was nicht

Schätze im Himmel finden

A → Z

Reli-Lexikon:
Menschensohn

Christian hatte ewig auf dieses Teil gespart. Er war der Letzte in der Gruppe, der keines hatte. Seine Eltern wollten es nicht bezahlen: „Zum Anrufen reicht auch was Einfaches!" Sie verstanden eben nicht, dass es nicht ums Telefonieren ging. Nach dem letzten Geburtstag und dem Ferienjob hatte er das Geld zusammen. Und jetzt war es da. Unendlich oft hatte er sich im Internet die Unboxing-Clips angesehen. Er wollte es genießen, diesen Moment, das Auspacken, das Knistern der Folie, den Geruch des Kunststoffs, diese glatte Oberfläche … und dann lag es vor ihm, wie er es sich vorgestellt hatte. Aber das Gefühl der Vorfreude war einer inneren Leere gewichen.

Waiting for iPhones, New York

Window-Shopping, Paris

Sammelt Schätze im Himmel

Und Jesus erzählte ein Gleichnis: Es war ein reicher Mensch, dessen Feld hatte gut getragen. Und er dachte bei sich selbst und sprach: Was soll ich tun? Ich habe nichts, wohin ich meine Früchte sammle. Und sprach: Das will ich tun: Ich will meine Scheunen abbrechen und größere bauen und will darin sammeln all mein Korn und meine Vorräte und will sagen zu meiner Seele: Liebe Seele, du hast einen großen Vorrat für viele Jahre; habe nun Ruhe, iss, trink und habe guten Mut! Aber Gott sprach zu ihm: Du Narr! Diese Nacht wird man deine Seele von dir fordern; und wem wird dann gehören, was du angehäuft hast? So geht es dem, der sich Schätze sammelt und ist nicht reich bei Gott.

Lukas 12,16 f.

1. Sammelt in einer Mindmap Motive, warum man eine Nacht vor einem Elektronikshop auf ein Handy wartet.

2. Erzählt von eigenen Erlebnissen, in denen die Vorfreude sich nicht erfüllte.

3. Diskutiert in der Reli-Gruppe, was Reichtum bei Gott sein könnte.

Der religiöse Charakter dieser Kirche ist umstritten

Scientology ist eine neue religiöse Bewegung. Sie wurde 1953 von Ron L. Hubbard gegründet und in den USA als Kirche angemeldet.

Die Scientologen behaupten, dass schmerzhafte Erfahrungen im Leben eines Menschen im sogenannten „reaktiven Verstand" abgespeichert werden. Diese negativen Erlebnisse sind die Ursache für Ängste und Unsicherheiten. Mithilfe der Scientology-Methode „Dianetik" können Menschen davon befreit, clear, werden. Sie sollen dann selbstsicher, intelligenter, produktiver und glücklicher werden. Wer das möchte, muss für die Therapie an Scientology zahlen.

In der Öffentlichkeit sind der religiöse Charakter und das Organisationssystem von Scientology umstritten. Der Verfassungsschutz beobachtet die Organisation.

Das Bundesarbeitsgericht

Die ‚Scientology Kirche Hamburg e.V.' ist keine Religion oder Weltanschauungsgemeinschaft im Sinne des Grundgesetzes Artikel 4 […]. Die religiösen oder weltanschaulichen Lehren dienen als Vorwand für die Verfolgung wirtschaftlicher Ziele.

Urteil vom 22.03.1995

Pfarrer Jürgen Fliege

Scientology ist eine Religion, weil sie sagt: Das Leben hat einen bestimmten Sinn und auch einen bestimmten Weg. Scientology ist erst mal eine Religion, weil sie an den seelischen Bedürfnissen der Menschen ansetzt. Wir können doch nicht sagen: Tom Cruise und die anderen sind alle doof und leicht verführbar. Und diese Religion, die da verkauft wird, ist eine Pionierreligion, die sagt: Wenn du dich anstrengst, dann wirst du es schaffen und vom Tellerwäscher zum Millionär aufsteigen […] und Geld wollen sie natürlich auch.

Wilfried Handl, ehemaliger Scientologe

Scientology ist sicher keine Religion, sondern ein totalitäres System. Und wenn man sagt: Das Leben hat einen Sinn und das ist das Kennzeichen einer Religion, dann ist auch die Mafia eine Religion, weil das Leben in Sizilien für die Menschen dort einen Sinn hat.

A → Z

Reli-Lexikon:
Scientology
Dianetik
Theokratie

Methode:
Plakat erstellen S. 175
Pro- und Kontra-Diskussion S. 176

4. Notiere die Argumente der Befürworter und Gegner von Scientology und formuliere eine eigene Position.

5. Recherchiere Hintergründe zu Scientology mit Reli-Lexikon und Internet.

6. Organisiert eine Pro- und Kontra-Talkshow zu der Streitfrage, ob Scientology eine Religion ist. Präsentiert eure Positionen auf selbst gestalteten Plakaten.

Was man unbedingt tun muss

A → Z

Reli-Lexikon:
Menschensohn

... und ihr seid zu mir gekommen

Wenn aber der Menschensohn kommen wird in seiner Herrlichkeit und alle Engel mit ihm, dann wird er sitzen auf dem Thron seiner Herrlichkeit, und alle Völker werden vor ihm versammelt werden.
Und er wird sie voneinander scheiden [...].
Da wird dann der König sagen zu denen zu seiner Rechten: Kommt her, ihr Gesegneten meines Vaters, ererbt das Reich, das euch bereitet ist von Anbeginn der Welt! Denn ich bin hungrig gewesen und ihr habt mir zu essen gegeben. Ich bin durstig gewesen und ihr habt mir zu trinken gegeben. Ich bin ein Fremder gewesen und ihr habt mich aufgenommen [...]. Ich bin im Gefängnis gewesen und ihr seid zu mir gekommen.
Dann werden ihm die Gerechten antworten und sagen: Herr, wann haben wir dich hungrig gesehen und haben dir zu essen gegeben, oder durstig und haben dir zu trinken gegeben? Wann haben wir dich als Fremden gesehen und haben dich aufgenommen [...]. Wann haben wir dich im Gefängnis gesehen und sind zu dir gekommen?
Und der König wird antworten und zu ihnen sagen: Wahrlich, ich sage euch: Was ihr getan habt einem von diesen meinen geringsten Brüdern, das habt ihr mir getan.

Matthäus 25,31–45
nach der Übersetzung Martin Luthers, 1912

Christus als Weltenrichter, Arles

Christus als Weltenrichter, Straßburg

Hinter dem Gedanken des Weltgerichts steht die Sehnsucht der Menschen nach einer letzten Gerechtigkeit. Vor Christus, dem Richter, müssen sich alle Menschen verantworten.

1. Erkläre den Satz Christi: „... das habt ihr mir getan."

2. Vergleiche die Darstellungen des Weltenrichters.

3. Diskutiert in der Reli-Gruppe, welche Christusdarstellung besser zum Bibeltext passt.

Der Besucher ist eine Fähre

Pfarrer Steffen Richter ist Gefangenenseelsorger in der Justizvollzugsanstalt (JVA) Volkstedt. Er ist für ca. 250 männliche Verurteilte zuständig.

Herr Richter, weswegen sitzen ihre „Gemeindeglieder" in der JVA ein?
Zu uns in die JVA Volkstedt kommt man u.a. wegen Diebstahl, Betrug oder Drogenmissbrauch.

Wie gehen die Gefangenen mit dem Schuldspruch des Richters um?
Das ist unterschiedlich. Manche sagen: Das ist ungerecht, ich kann nichts dafür. Andere sagen: Ich habe was falsch gemacht, ich habe meine Strafe. Das ist in Ordnung. Und wieder andere denken: Ich kann meine Tat nicht rückgängig machen. Aber ich will weiterleben, ich will, dass es für mich wieder gut wird. Wenn das einer hinbekommt, hat er schon fast Gefühle für seine Opfer.

Wie fühlt sich denn Gefängnis an?
Das ist nur schwer zu beschreiben, vielleicht wie „Schreien ohne Stimme". Das Gefängnis soll ein Ort der Konzentration sein, eine einsame Insel, um zu finden, was wichtig ist im Leben. Ein Beispiel: Hier im Knast gibt es jeden Tag diesen langweiligen Tee. Wenn man sich dann am Samstag eine Cola kaufen kann, schmeckt die einfach himmlisch.

Warum ist es wichtig, dass man besucht wird?
Diese Isolation hat auch Nachteile, weil man eigentlich über die Straftat sprechen und die Zeit nach dem Gefängnis planen muss. Wenn man dann besucht wird, ist der Besucher wie eine Fähre, die gleichzeitig in die Vergangenheit und in die Zukunft fährt.

Wozu braucht man im Gefängnis einen Gottesdienst?
Jeder von uns weiß, dass in seinem eigenen Leben nicht alles richtig ist. So stehen wir alle zusammen vor Gott. Im Gottesdienst sind wir für einen Augenblick keine Verurteilten. Da ist die Mauer weg.

So machen es andere
Wenn sich im Volk der Negrito eine Person an einer anderen vergeht, wird sie in einen Kreis gestellt. Alle, die sie kennen, umringen sie. Einen ganzen Tag wird erzählt, wie die Person das Leben der anderen schöner und reicher gemacht hat. So soll die Person ihren Platz in der Gesellschaft leichter wiederfinden.

Salzburger Nachrichten, 24.09.2010

A → Z

Reli-Lexikon:
Negrito

4. Formuliere die Hauptaussagen des Interviews in einem Bericht über Pfarrer Richter. Deute das Foto.

5. Erkläre, warum es wichtig ist, dass man besucht wird.

6. Vergleiche die Praxis der Negrito mit der Christusdarstellung aus Straßburg.

Zeichen und Symbole der Hoffnung

Visionen vom Frieden

Friday, January 8, 1915.

The Daily Mirror

CERTIFIED CIRCULATION LARGER THAN ANY OTHER DAILY NEWSPAPER IN THE WORLD

WHY DELAY? THE DAILY MIRROR OVERSEAS WEEKLY EDITION contains all the Latest and Best War Pictures and News, and is therefore the Best Weekly Newspaper for your friends abroad. You can obtain it from your Newsagent for 3d. per copy.
Subscription rates (prepaid), post free, to Canada for six months 10/-; elsewhere abroad 15/-. Address—Manager, "Overseas Daily Mirror," 23-29, Bouverie Street, London, E.C.

AN HISTORIC GROUP: BRITISH AND GERMAN SOLDIERS PHOTOGRAPHED TOGETHER.

A → Z

Reli-Lexikon: Vision

Im Januar 1915 erschien als Aufmacher des Daily Mirror dieses Foto.
Es zeigt britische und deutsche Soldaten, die an den Weihnachtstagen 1914 einen kurzen Frieden geschlossen hatten. Die Schüsse waren verstummt. Die Soldaten trafen sich in der Todeszone zwischen den Gräben und sangen gemeinsam Weihnachtslieder, spielten Fußball, teilten Kuchen, Schnaps und Zigaretten. Nach Weihnachten schossen sie wieder aufeinander.

Das Volk, das im Finstern wandelt, sieht ein großes Licht, und über denen, die da wohnen im finstern Lande, scheint es hell. Du weckst lauten Jubel, du machst groß die Freude. […] Denn du hast ihr drückendes Joch, die Jochstange auf ihrer Schulter und den Stecken ihres Treibers zerbrochen wie am Tage Midians. Denn jeder Stiefel, der mit Gedröhn dahergeht, und jeder Mantel, durch Blut geschleift, wird verbrannt und vom Feuer verzehrt. Denn uns ist ein Kind geboren, ein Sohn ist uns gegeben, und die Herrschaft ruht auf seiner Schulter; und er heißt Wunder-Rat, Gott-Held, Ewig-Vater, Friede-Fürst.

Jesaja 9,1–5

Methode: Textcollage S. 182

1. Schreibe die Ereignisse des Weihnachtsfestes von 1914 in einem Brief eines Soldaten an seine Liebste nieder.

2. Interpretiere vor diesem Hintergrund die messianische Vision des Buches Jesaja.

3. Gestaltet eine Textcollage zum Stichwort Frieden.

Jenseits von Richtig und Falsch

Wir haben gelernt, in Entweder-Oder-Kategorien zu fühlen, zu denken und zu reden: Entweder ich bin gut oder böse, entweder schwarz oder weiß, entweder krank oder gesund, entweder engagiert oder desinteressiert, entweder up to date oder altmodisch und antiquiert. [...] Das, was böse, schwarz, desinteressiert, krank oder altmodisch und antiquiert ist, wird dann leicht ausgesondert, ausgegrenzt – mit dem wollen die Guten, Weißen, Engagierten, Gesunden, die, die up to date sind, nichts zu tun haben. Was hat ein Amokläufer mit uns zu tun? Was haben wir mit Kain zu schaffen?

Solche Entweder-Oder-Einteilungen gefährden den Frieden: Sie gefährden innergesellschaftlich das gute Leben der Gemeinschaft und international ein verträgliches Leben auf dieser einen Erde. Und: solche Entweder-Oder-Einteilungen vereinfachen meines Erachtens das Leben unzulässig: Wo bleiben all die Schattierungen zwischen Schwarz und Weiß? Wo bleibt das bunte, vielfältige Leben? Gibt es das: nur gute Menschen? Gibt es das: wirklich böse Menschen? Der Weg über Verurteilungen verbaut Chancen. Er teilt die Welt in Schwarz und Weiß. Es schafft Eindeutigkeiten und diese sind immer gewaltförmig. Dabei gibt es gerade in den Grauzonen viel zu erleben und viel zu erfahren, vor allem dies: Jeder Mensch hat zunächst einmal das Recht, geliebt zu werden. Mehr noch: Er hat die Zusage Gottes, geliebt zu sein.

Gottfried Orth,
Theologe und Religionspädagoge

Verweis:
Ein Gemälde einer besseren Welt
▸ Kapitel 8, S. 86/87

Jenseits von Richtig und Falsch liegt ein Ort.
Dort treffen wir uns.

Rumi, 1207–1273

Stari Most

Die „alte" Brücke ist das Wahrzeichen der Stadt Mostar. Sie verbindet den muslimisch geprägten Ostteil der Stadt mit dem überwiegend katholischen Westteil. Seit Jahrhunderten gilt sie als symbolische Verbindung zwischen Christentum und Islam, aber auch zwischen katholischem und orthodoxem Christentum.

Am 9. November 1993 wurde sie im Krieg in Bosnien und Herzegowina zerstört. Für den Wiederaufbau wurden die erhaltenen Steine der alten Brücke verwendet.

4. Erläutere den Text Gottfried Orths.

5. Formuliere Gründe, warum man die alten Steine für den Neubau der Brücke verwendete.

6. Deute die Brücke als Symbol der Hoffnung mithilfe des Zitats des islamischen Philosophen Rumi.

Plus

S. 156–157

Was man kaufen kann und was nicht

1. Überlege Gründe, warum die Rede vom „Reichtum bei Gott“ als Vertröstung verstanden werden kann.
2. Bereite ein Interview zu Scientology vor, das du in der Familie, im Freundeskreis oder in der Schule führst.

Methode: Interview S. 172

S. 158–159

Was man unbedingt tun muss

> Ich bin ein Fremder gewesen und ihr habt mich aufgenommen.
>
> Matthäus 25,35

1. Erzähle von eigenen Erfahrungen des Fremdseins.
2. Formuliere ein Gebet für einen Gefangenen.

S. 160–161

Wie alles gut werden kann

1. Gestalte eine Weihnachtskarte für einen Bundeswehrsoldaten, der in einem Auslandseinsatz ist.
2. Schreibe eine Geschichte, die von einem Treffen „jenseits von Richtig und Falsch“ erzählt, z. B. „zwei Freunde besprechen, ob man immer die Wahrheit erzählen muss“ oder „zwei Freundinnen bereden das Verhältnis zwischen Abschlussnoten und Fairness“.

Check up

Blick zurück

Du hast darüber nachgedacht, was man wirklich zum Leben braucht. Dir ist deutlich geworden, was man im Leben wirklich tun muss. Du hast dir Gedanken darüber gemacht, wie das Leben der Menschen gut werden kann.

Schau dir noch einmal das Bild auf S. 154–155 an. Schreibe auf, was du jetzt anders siehst als zu Beginn des Kapitels.

Du kannst

… das Verhältnis zwischen Konsum und Glück beschreiben.
… das religiöse Profil einer Kirche oder einer Gemeinschaft beurteilen.
… erklären, was die christliche Vorstellung vom Weltgericht für das Leben und Handeln der Menschen bedeutet.
… Strukturen des deutschen Strafvollzuges religiös deuten.
… biblische Visionen vom Frieden beschreiben.
… Architektur religiös interpretieren.

Idee

Gestaltet eine Ausstellung zu „Brücken der Hoffnung“.

Textspaziergang

Ziel:

Mit dem Textspaziergang kannst du dich intensiv mit einem Text auseinandersetzen und dir so den Inhalt des Textes erarbeiten.

So geht ihr vor:

1. Du liest dir den Text einmal von oben bis unten durch.

2. Jetzt nimmst du dir für jeden Satz und für jedes einzelne Wort Zeit. Frage dich, was dir beim Lesen der einzelnen Wörter und Sätze durch den Kopf geht.

3. Wenn du bei einer Textstelle stehen bleibst, malst du zu diesem Wort oder Satz eine Gedankenwolke. Dort schreibst du deine Überlegungen, deine Fragen oder auch deine Erinnerungen hinein.

Beispiel:

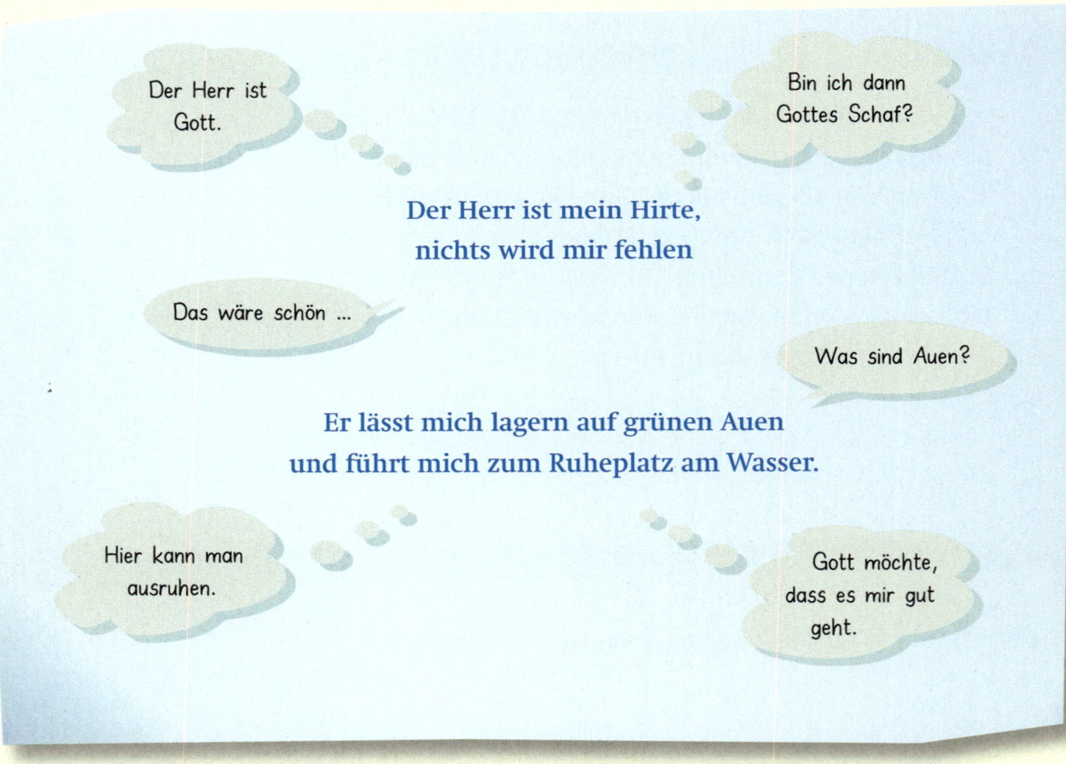

Bildbeschreibung

Ziel:

Mit diesen Schritten kannst du ein Bild näher betrachten, interpretieren und die wesentlichen Aspekte entdecken, die sich der Künstler überlegt hat.

So gehst du vor:

1. Zuerst schließt du die Augen und merkst dir, welchen Teil des Bildes du beim Öffnen deiner Augen als erstes siehst

2. Danach lässt du deine Augen über das Bild wandern und entdeckst weitere Gegenstände, Elemente und Bildteile. Du kannst sagen oder schreiben: „Ich sehe …"

3. Nun beantwortest du z. B. folgende Fragen: Welche Farben sind ähnlich? Wie sind die Lichtverhältnisse? Welche Formen kommen vor? Welche Elemente sind im Vorder- bzw. Hintergrund? Welches Element steht im Zentrum?

4. Falls es über den Künstler allgemeine Informationen gibt, kannst du diese nun mit berücksichtigen, z. B.: Wann und wo hat er gelebt? Welche Motive tauchen immer wieder in seinen Bildern auf? Was ist das Besondere an der Gestaltung des Bildes?

5. Gib nun dem Bild einen Titel. Vergleiche anschließend deinen Titel mit dem Titel des Künstlers.

6. Abschließend sammelt ihr in Kleingruppen oder in der Reli-Gruppe eure Entdeckungen.

Beispiel:

Ich sehe zuerst einen sitzenden Mann. Dann sehe ich noch einen schwarzen Fisch. Es ist ein Bild in den Farben Rot und Schwarz. Die Form des Mannes und des Fisches ist ähnlich. Die Hände und Füße des Mannes sind sehr groß. Der Künstler hat auch in anderen Bildern oft große Hände und Füße gestaltet. Der Mann sitzt wie ein Embryo im Bauch eines Fisches. Ich nenne das Bild „Kurz vor der Geburt".

Walter Habdank: Jona im Fischleib, 1972

Methoden

Blackout Poem

Ziel:

Mithilfe dieser Methode kannst du dich intensiv mit einem Psalm auseinandersetzen und Anknüpfungspunkte zu deinem Leben finden.

So gehst du vor:

1. Du kopierst einen Psalm auf DIN-A4-Format oder druckst ihn auf das Format aus.
2. Du kreist Wörter oder Satzteile, die dir besonders gut gefallen, mit einem dicken schwarzen Filzstift ein.
3. Den Rest malst du großflächig schwarz.
4. Der so entstandene „Text" ist dann dein eigener Text bzw. deine ganz persönliche Sichtweise auf den Psalm.

Beispiel:

So könnte zum Beispiel Psalm 65 aussehen:

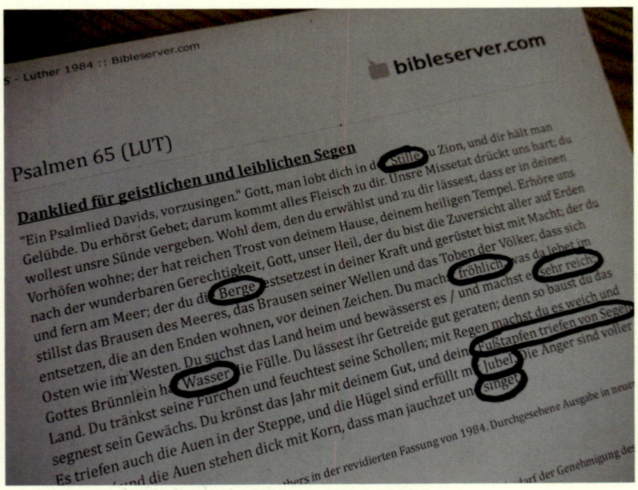

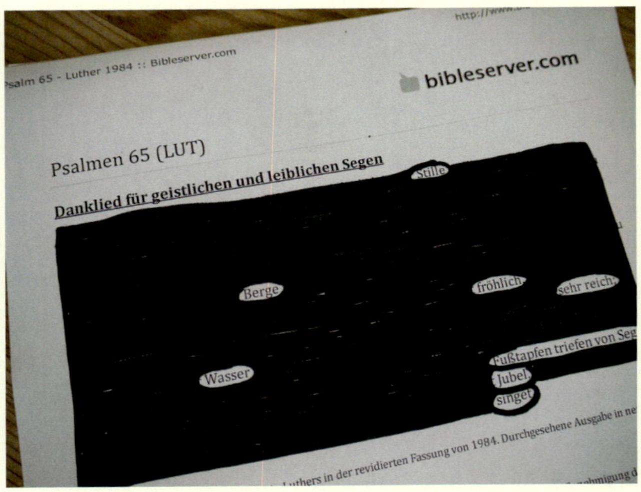

Dialog schreiben

Ziel:

Mit dieser kreativen Methode kannst du dich in unterschiedliche Personen, in ihr Denken, Handeln und Fühlen hineinversetzen.

So gehst du vor:

1. Analysiere die Personen, die du in einen Dialog treten lassen möchtest: Was weißt du über sie, über ihren Charakter, über ihre Absichten?

2. Entwickle ein Gespräch zwischen den Personen. Die Gesprächsbeiträge der Dialogpartner sollten sich dabei aufeinander beziehen.

3. Beachte die folgenden Tipps:
- Lasse die Personen auch einmal streiten oder überraschende Dinge sagen. Das macht deinen Dialog für den Leser oder Hörer spannender.
- Versuche, nicht zu viele Hintergrundinformationen oder Fakten durch den Dialog zu vermitteln, damit der Dialog nicht aufgesetzt wirkt.

4. Abschließend liest du dir den Dialog noch einmal durch.
Beantworte dabei die folgenden Fragen:
- Wirkt das Gespräch zusammenhängend?
- Ist in dem Gespräch eine Entwicklung zu beobachten?

Holzkohlezeichnung

Ziel:

Mithilfe von Zeichenkohle kannst du mit wenigen Strichen ausdrucksstark skizzieren, leicht Helldunkelkontraste und Verläufe herstellen und Bildern Atmosphäre vermitteln. Diese Technik eignet sich besonders gut für die Darstellung von Porträts und Landschaften.

So gehst du vor:

1. Du wählst dir ein Motiv aus, das du auf das Papier bringen möchtest.
2. Beim Zeichnen legst du immer ein Blatt unter die Hand, um die Kohle nicht ungewollt zu verwischen.
3. Dann beginnst du, locker und ohne zu zögern, mit dem Zeichnen. Korrigiere deine Linien nicht. Mit dem Finger, Watte oder einem Pinsel stellst du Wischeffekte her. Scharfe Kontraste erhältst du mit den Kanten der Kohlestückchen. Zeichenkohle lässt sich wie ein Bleistiftstrich wegradieren. So kannst du auf deiner Zeichnung bestimmte Stellen wieder weiß hervorheben und besondere Effekte erzielen.
4. Bist du mit deiner Zeichnung fertig, musst du dein empfindliches Werk mit Fixativ oder Haarspray wischfest machen.
5. Für eine Präsentation des Bildes kannst du ein Passepartout anfertigen.

Beispiel für eine Holzkohlezeichnung:

Kurt Reuber: Madonna von Stalingrad, 1942

Innerer Monolog

Ziel:

Ein innerer Monolog bringt die Gedanken und Gefühle einer Person zum Ausdruck. Es geht darum, was diese Person im Inneren beschäftigt, aber nicht nach außen zeigt.

So gehst du vor:

1. Zuerst liest du dir genau die Situationsbeschreibung der Aufgabenstellung durch.

2. Nun notierst du in Stichworten, welche Bilder zu dieser Situation in deinem Kopf entstehen.

3. Anschließend konzentrierst du dich auf die Person, für die du einen inneren Monolog schreiben willst. Du überlegst dir, wie du denken, fühlen und handeln würdest, wenn du „in seiner/ihrer Haut" stecken würdest.

4. Diese Gedanken und Gefühle formulierst du jetzt in einem Text. Du sprichst das aus, was die Person denken und fühlen könnte. Deshalb wählst du die Ich-Form.

Beispiel: Innerer Monolog eines Mädchens an der Bushaltestelle

Da ist wieder der Junge, dessen Namen ich nicht weiß. Seine Locken quellen unter der Mütze hervor. Er hat mich längst bemerkt. Aber soll ich ihn ansprechen? Und wenn ja – wie? „Wie heißt denn der Junge, der jeden Tag in denselben Bus einsteigt wie ich?" Klingt wie Anmache, geht nicht. Vielleicht lieber was Neutrales: „… möchte mal erleben, dass der Bus pünktlich ist." Schon besser, aber trauen muss ich mich das auch. Mein Herz pocht so laut, das müssen doch alle hier hören …

Installation entwickeln

Ziel:

Eine Installation ist in der Kunst ein räumliches, ortsgebundenes und oft auch situationsbezogenes Kunstwerk. Mithilfe dieser Methode kannst du die Mehrdeutigkeit von Sprache aufdecken und so zeigen, dass unterschiedliche Ebenen einer Aussage zu erkennen sind.

So gehst du vor:

1. Du sammelst zu einem bestimmten Thema Redewendungen, Aussprüche und Ideen.
2. Du wählst eine Redensart oder einen Gedanken aus und notierst die Assoziationen, die sich bei dir einstellen, wenn du den Ausdruck wortwörtlich nimmst.
3. Du ergänzt Metaphern, Symbole oder Interpretationen, die dir dazu einfallen.
4. Mithilfe des schriftlichen Materials entwirfst du Bleistiftskizzen.
5. Die beste Skizze modellierst du in Ton.
6. Anschließend setzt du den Entwurf mit Draht, Papier und Pappmaschee um und gestaltest ihn farblich.
7. Du hältst alle Schritte und die damit verbundenen Überlegungen in einem Portfolio fest.
8. Zum Schluss bereitet ihr in der Reli-Gruppe eine Präsentation vor.

Beispiel:

Internetrecherche

Ziel:

Das Internet bietet eine riesige Fülle von Informationen in Texten, Bildern, Podcasts und Videos. Um die Seiten zu finden, die dich wirklich interessieren, begibst du dich auf eine ausgeklügelte Suche.

So gehst du vor:

1. Du formulierst eine möglichst konkrete Forschungsfrage.

2. Du bestimmst die Stichworte, die zur Frage gehören. Die Stichworte gibst du ohne Satzzeichen in die Suchmaschine ein. Setzt du die Stichworte in Anführungszeichen, sucht die Maschine nur Seiten, in denen alle Wörter vorkommen.

3. Du wählst die Medienart aus, für die du dich interessierst: Text, Bild, Video usw.

4. Jetzt erhältst du die Trefferliste zu deinen Stichworten. Besonders wichtig sind die Informationen zur Herkunft der Seite. Diese findest du im Impressum. Wird die Seite von einem Lexikon, einem Zeitschriften-Verlag oder bekannten Organisationen bereitgestellt, kannst du ihr eher vertrauen als den Seiten von Privatpersonen, Diskussionsforen oder Blogeinträgen.

5. Alle interessanten Seiten sammelst du in einer Link-Liste. Dazu kopierst du die Adresse, die oben auf der Seite angezeigt wird, und fügst sie in eine eigene Tabelle ein. In einer dritten Spalte kannst du den Link kommentieren.

6. Das Kopieren ganzer Texte und Medien verstößt gegen das Urheberrecht und ist verboten.

7. Zum Schluss solltest du die Aussagen der verwendeten Seiten vergleichen und auf Widersprüche überprüfen. Findest du gegensätzliche Aussagen, musst du die Vertrauenswürdigkeit der einzelnen Quellen prüfen oder noch einmal recherchieren.

1	Stichwort	Adresse	Kommentar
2			
3			
4			
5			
6			

Interview

Ziel:

Ein Interview ist eine Befragung, bei der durch Fragen oder Satzanfänge persönliche Informationen, Hintergründe oder Zusammenhänge ermittelt werden.

So gehst du vor:

1. Zuerst notierst du dir alle Fragen, die dich oder deine Reli-Gruppe interessieren oder die du zur Erschließung des Themas brauchst.
2. Du informierst dich über deinen Gesprächspartner. Die gesammelten Informationen helfen dir, weitere Fragen zu finden.
3. Anschließend formulierst du möglichst offene Fragen, also solche, die nicht allein mit „Ja" oder „Nein" beantwortet werden können. Dann streichst du die überflüssigen oder langweiligen Fragen.
4. Danach überlegst du dir eine Eröffnungsfrage, die leicht zu beantworten ist und die das Interview locker macht. Wenn sich dein Gesprächspartner wohl fühlt, wird er gern mit dir sprechen.
5. Jetzt bringst du alle Fragen und Gesprächsimpulse in eine sinnvolle Ordnung.
6. Du passt deinen Fragestil deinem Interviewpartner an. Mit Jugendlichen deiner Schule kannst du anders sprechen als mit Erwachsenen oder Zeitzeugen.

Während des Interviews:

1. Du trittst freundlich auf und schaust deinen Gesprächspartner an.
2. Wenn dir während des Gesprächs weitere Fragen einfallen, kannst du sie ruhig stellen.
3. Du schreibst die Antworten stichpunktartig mit. Alternativ kannst du das Gespräch auch mit deinem Smartphone, Handy oder einem Diktiergerät mitschneiden und hinterher aufschreiben. Frage deinen Gesprächspartner vor dem Interview, ob er damit einverstanden ist, dass du das Gespräch aufnimmst!
4. Am Ende bedankst du dich für das Gespräch und teilst dem Interviewten mit, wo das Gespräch zu lesen sein wird.

Lebensbild verfassen

Ziel:

Mit einem „Lebensbild" beschreibst du das Leben eines Menschen. Dazu gehören seine Lebensdaten, aber vor allem auch das, was das Leben dieses Menschen in besonderer Weise kennzeichnet. In der Regel ist dieser Mensch bereits verstorben.

So gehst du vor:

1. Informationsbeschaffung Gliederung: Du verfasst einen „Steckbrief"
Deine Informationen stammen aus einer bestimmten Quelle, wie z. B. einem Text, einem Artikel aus der Zeitung oder dem Internet, einem Film oder aus einer persönlichen Begegnung. In einem Steckbrief sortierst du in Stichworten alle Informationen wie Geburt mit Datum und Ort, Ausbildung, Beruf, einschneidende historische Ereignisse sowie besondere Leistungen, Tätigkeiten, Zitate, Schicksale, Begegnungen oder Erfahrungen und ggf. auch Zeitpunkt und Umstände des Todes des betreffenden Menschen. Der Steckbrief kann auch aufzeigen, wo dir wichtige Informationen fehlen, die du vielleicht aus weiteren Quellen besorgen kannst.

2. Beschreibung
Aus deinem Steckbrief entsteht ein fortlaufender Text. Prüfe, welche Informationen wichtig sind.

3. Bewertung
Was willst du mit deinem Lebensbild aufzeigen? Unterscheide deutlich die Informationen über die Person von deinen Deutungen und Bewertungen. Was hat dich an diesem Menschen beeindruckt? Warum ist es wichtig, sein Leben in Erinnerung zu halten?

Pecha Kucha

Ziel:

Eine Pecha Kucha (gesprochen Petscha Kutscha) hilft den Vortragenden, sich auf das Wesentliche zu konzentrieren.

So gehst du vor:

1. Du fotografierst 20 Motive zu deinem Thema.

2. Anschließend bringst du die Bilder in eine sinnvolle Reihenfolge und notierst dir zu jedem Bild ein Stichwort, das erklärt, was das Bild mit dem Thema zu tun hat. Tipp: Beschreibe nicht, was die Betrachter von allein sehen, sondern gib eine zusätzliche Information.

Beispiel:

Schreibe nicht: „Ein Junge leckt ein Eis", sondern: „Immer wenn er Himbeereis leckt, muss er an die Geschichte mit Julia denken", oder: „Die Liebe zu Schokoladeneis verbindet alle Menschen auf der Welt."

3. Nun fügst du die Bilder in eine digitale Präsentation ein und legst einen automatischen Folienwechsel nach jeweils 20 Sekunden fest.

4. Jetzt schaust du dir deine Präsentation an und übst dazu einen flüssigen Vortrag mit den Stichpunkten aus 2.

5. Am Schluss führt ihr euch die Präsentationen vor und wertet sie in der Reli-Gruppe aus. Achtet bei der Auswertung darauf, den Arbeitsaufwand und die Ideen der anderen anzuerkennen.

Plakat erstellen

Ziel:

Ein Plakat ist ein großer mit Texten und Bildern gestalteter Papierbogen, der an einer Pinnwand, einer Litfaßsäule oder einer anderen Fläche in der Öffentlichkeit angebracht wird. Mit einem Plakat kannst du Informationen oder Werbebotschaften bekannt machen. Das Plakat richtet sich an anonyme Personen. Es ist nicht zu kontrollieren, ob die Botschaft die einzelnen Empfänger erreicht.
Du benötigst Plakatkarton, Abbildungen (z. B. Fotos, Zeichnungen, Diagramme), Schere, Klebstoff, (dicke) Filzstifte, Informationsquellen.

So gehst du vor:

1. Zuerst überlegst du dir, was dein Plakat erklären und zeigen soll und was dazu hervorzuheben ist.

2. Du erstellst eine Überschrift. Das Thema muss darin genannt sein.

3. Nun bringst du die wichtigsten Informationen auf das Plakat. Für die Schrift eignen sich (dicke) Filzstifte am besten, weil sie einen hohen Kontrast erzeugen. Deine Texte sind so auch aus größerer Entfernung gut lesbar.

4. Du formulierst die Erläuterungen am besten in kurzen Sätzen oder stichwortartig. Sprache und Stil müssen einheitlich gestaltet sein.

5. Du verwendest viele Bilder und Grafiken. Die Bilder müssen von Weitem erkennbar sein. Du kannst die Bilder symmetrisch oder asymmetrisch anordnen.

6. Achte darauf, dass das Plakat keine großen Lücken enthält. Es entsteht sonst der Eindruck, dass Informationen fehlen. Andererseits soll das Plakat auch nicht von Bildern und Texten überquellen.

Pro- und Kontra-Diskussion

Ziel:

Mithilfe der Pro- und Kontra-Diskussion könnt ihr gegensätzliche Meinungen austauschen. Ihr übt dabei das Argumentieren sowie die Wahrnehmung unterschiedlicher Perspektiven.

So geht ihr vor:

1. Zu Beginn benennt ihr das Thema, über das diskutiert werden soll, möglichst genau.
Ihr müsst die Formulierung so wählen, dass sowohl zustimmende als auch ablehnende Meinungen möglich sind.

2. Ihr teilt euch in zwei Gruppen auf: eine Pro-Gruppe und eine Kontra-Gruppe. Außerdem bestimmt ihr einen Diskussionsleiter oder eine Diskussionsleiterin.
Jede Gruppe sammelt die Argumente, die sie in die Diskussion einbringen möchte. Dabei kann es auch sinnvoll sein, sich mit den Argumenten der anderen Gruppe zu beschäftigen.

Beachtet: Während der Diskussion greift die Diskussionsleitung nur dann ein, wenn gegen die vorab festgelegten Regeln verstoßen wird. Die Diskussionsleitung äußert sich nicht zum Inhalt der Diskussion, sie äußert nicht die eigene Meinung.

3. Ihr eröffnet die Diskussion, indem ein Vertreter der Pro-Gruppe ein erstes Argument vorträgt und begründet. Nun muss die Kontra-Gruppe auf das Pro-Argument reagieren, indem sie es mit eigenen Argumenten widerlegt. Die Pro-Gruppe kann hierauf erneut antworten usw.

4. Wenn alle Argumente und Gegenargumente zum ersten Aspekt ausgetauscht wurden, trägt die Kontra-Gruppe ein Argument vor und begründet es. Ihr geht nun, wie in Punkt 3 beschrieben, weiter vor.

5. Ihr beendet die Diskussion, wenn alle Argumente der Pro- und Kontra-Gruppe ausgetauscht wurden.

6. Abschließend fasst die Diskussionsleitung wichtige Ergebnisse der Diskussion zusammen.

Reziprokes Lesen

Ziel:

Mit der Methode „reziprokes Lesen“ erschließt ihr euch gemeinsam einen schwierigen Text.

So geht ihr vor:

1. Ihr bildet eine Vierergruppe und verteilt die Aufgaben der Moderatoren A bis D.
Den Text teilt ihr in mehrere Abschnitte ein.
Jeder für sich liest zunächst leise den ersten Abschnitt.

2. Moderator A liest den ersten Textabschnitt laut vor und stellt Fragen zum Inhalt und zum Verständnis des Textes: Wer? Was? Wann? Warum? Womit? Wozu?

3. Moderator B fasst den Inhalt des Textabschnittes in eigenen Worten zusammen.

4. Moderator C fordert zur gemeinsamen Klärung unbekannter Wörter oder schwieriger Textstellen auf.

5. Moderator D sagt voraus, wie der Text möglicherweise weitergehen könnte.

6. Für den nächsten Abschnitt tauscht ihr die Rollen A bis D und beginnt wieder damit, dass jeder für sich leise den Abschnitt liest.

Rollenspiel

Ziel:

In einem Rollenspiel spielt ihr eine Geschichte nach oder weiter. Dabei schlüpft ihr in die Rolle einer Person aus der Geschichte. So könnt ihr euch in die Gedanken, in die Gefühle und in die Handlungen der jeweiligen Person besser hineinversetzen.

So geht ihr vor:

1. Lest die Geschichte, die ihr darstellen möchtet, oder überlegt euch eure eigene Geschichte. Ihr könnt auch eine bekannte Geschichte weiterspielen.
2. Sammelt die Namen der Personen, die im Rollenspiel vorkommen. Verteilt die Rollen.
3. Schreibt für eure Personenrolle eine Rollenkarte. Auf einer Rollenkarte stehen Informationen zu der Person. Ihr könnt euch dabei gegenseitig helfen.
4. Macht euch Gedanken, was ihr in dem Rollenspiel sagen und tun möchtet. Die Rollenkarte hilft euch dabei.
5. Übt das Rollenspiel in eurer Gruppe mindestens einmal.
6. Führt euer Rollenspiel der gesamten Reli-Gruppe vor.
7. Gemeinsam besprecht ihr danach das Rollenspiel. Dabei beantwortet ihr folgende Fragen:
   - Was ist gut gelungen?
   - Was könntet ihr verbessern oder anders spielen?
   - Welchen Charakter hatte die jeweilige Rolle?
   - Wie haben sich die Darsteller in ihrer Rolle gefühlt?
   - Wie denkt ihr nun über diese Geschichte?

Beispiel:

So kann eine Rollenkarte aussehen:

Name: Bartimäus
Alter: ungefähr 25 Jahre
Verhalten:
- *sitzt am Straßenrand; trauriges Gesicht*
- *wenn Jesus kommt: aufspringen; mit den Händen tasten; versuchen, Jesus zu finden; laut rufen*
- *nach der Heilung durch Jesus: Jesus umarmen; die Augen betasten; alles anschauen; lachen und sich freuen*

Schreibgespräch

Ziel:

Bei dieser Methode kommuniziert ihr über ein Thema, ohne zu sprechen. Indem ihr eure Überlegungen aufschreibt, müsst ihr euch intensiv auf das konzentrieren, was ihr selbst zu sagen habt bzw. was eure Mitschüler zu sagen haben.

So geht ihr vor:

1. Ihr setzt euch in einer Kleingruppe an einen Tisch und notiert den Schreibanlass in Form einer Frage oder einer Behauptung.
Tipp: Ein Schreibgespräch eignet sich besonders bei Themen, zu denen ihr unterschiedliche Ansichten habt. Sinnvoll ist es, wenn ihr an den unterschiedlichen Tischen auch unterschiedliche Fragestellungen bearbeitet.

2. Reihum oder auch gleichzeitig könnt ihr nun eure Gedanken zu der Frage aufschreiben.

3. Wenn ihr selbst gerade nichts aufschreibt, lest ihr aufmerksam, was eure Mitschüler notieren. Darauf könnt ihr euch dann beziehen, sodass ein „richtiges Gespräch" entsteht.

4. Folgende Regeln sind beim Schreibgespräch zu beachten:
Es wird während des gesamten Schreibgesprächs nicht gesprochen.
Beiträge werden nicht bewertet oder durchgestrichen, es wird sich nicht darüber lustig gemacht. Es dürfen jedoch schriftlich Rückfragen gestellt werden.
Bezüge zu vorangegangenen Notizen können durch einen Pfeil oder ähnliche Markierungen hergestellt werden.

Beispiel:

Gott will für uns das Beste

Ich denke, dass Gott unser Bestes will. Aber warum sterben jeden Tag Menschen, passieren Unfälle??

Wissen wir eigentlich immer genau, was das Beste für uns ist?

Nein, ich denke, dass wir es nicht immer wissen. Aber Gott lässt keinen in sein eigenes Unglück laufen.

Ja, Gott will für uns das Beste, nur er kann in unserem Leben nicht alles machen.

Standbild

Ziel:

Beim Standbild gestaltet ihr allein oder als Gruppe ein Gefühl oder eine Situation ohne Worte. Eure Darstellung wird „eingefroren" (*engl.* to freeze), das heißt, ihr dürft euch während der Präsentation nicht bewegen oder sprechen. Besonders wichtig sind daher euer Gesichtsausdruck und eure Körperhaltung.

So geht ihr vor:

1. Ihr überlegt euch eine Situation oder wählt eine Bibelstelle bzw. einen anderen Text aus, die ihr darstellen möchtet.

2. Sprecht euch ab, wer welche Rolle bzw. welches Gefühl übernimmt.

3. Ein Mitschüler formt die Szene und achtet auf den passenden Gesichtsausdruck und die Körperhaltung. Dabei gibt er Anweisungen. Nur er darf sprechen.

4. Bei eurer Präsentation bleibt ihr ungefähr eine Minute in der „Freeze"-Position.

5. Nun können die anderen die Situation erraten oder Fragen an euch stellen.

6. Besprecht anschließend, was ihr während der Präsentation gefühlt habt.

Variante: Gedanken-Ich
Ein Schüler stellt sich hinter den Schüler, der ein Standbild darstellt, und sagt in Ich-Form, was der- bzw. diejenige fühlen könnte.

Beispiel:
„Ob Jesus mich wohl sehen wird? Ich muss laut schreien, sonst sieht er mich nicht!" (Heilung des Blinden)

Text-Bild-Collage

Ziel:

Bei einer Text-Bild-Collage entsteht aus Schriftzügen und unterschiedlichen Bildern ein „Bild“ mit einer ganz individuellen Aussage.

So gehst du vor:

1. Du entwirfst eine Skizze auf einem DIN-A4-Blatt mit den Text- und Bildelementen, die du gerne zu einem bestimmten Thema zusammenstellen möchtest. Diesen ersten Entwurf stellst du deinem Partner vor.

2. Aus Zeitschriften, alten Büchern oder Prospekten suchst du Bildelemente heraus und schneidest oder reißt sie aus. Wichtig ist, dass dies einheitlich geschieht, dann ist die Wirkung besser.

3. Dann überlegst du, mit welchen Wörtern oder Sätzen du eine Bildaussage am besten ausdrücken kannst. Du stellst diese Wörter aus einzelnen Buchstaben, z. B. aus der Zeitung, zusammen oder schneidest ganze Sätze aus.

4. Danach nimmst du deine Skizze zur Hand und legst alle Text- und Bildmaterialien auf ein großes Plakat. Schiebe die Elemente hin und her, bis dir die Anordnung gefällt und besprich sie mit deinem Partner.

5. Nun klebst du die einzelnen Elemente auf. Wenn noch Plakatfläche zu sehen ist, kannst du die Flächen auch mit Farbe oder Graffiti-Buchstaben füllen.

Textcollage

Ziel:

Eine Textcollage lässt aus Wörtern ein Bild entstehen. Anders als bei einer Mindmap liegt der Schwerpunkt nicht auf der Ordnung der Gedanken, sondern auf der künstlerischen Aussagekraft des Bildes.

So geht ihr vor:

1. Am besten, ihr entwickelt die Textcollage in Partnerarbeit.
2. Zuerst nehmt ihr euch ein Skizzenblatt. Hier sammelt ihr Wörter, die euch zum Thema einfallen.
3. Anschließend geht ihr eure Liste durch und prüft, ob die Wörter wirklich gut zum Thema passen. Es ist hilfreich, sich die Wörter laut vorzulesen.
4. Nachdem ihr euch auf die passenden Begriffe geeinigt habt, überlegt ihr, wie die Begriffe auf dem Blatt angeordnet werden sollen und welche Technik ihr wählen möchtet.
5. Zum Schluss entscheidet ihr euch für eine geeignete Präsentationsform eurer Ergebnisse.

Techniken:

- Arbeit mit Stift oder Pinsel auf Papier
- Ausschneiden und Aufkleben von Sätzen und Begriffen aus Zeitungen
- Nutzung eines Computerprogramms

Beispiele:

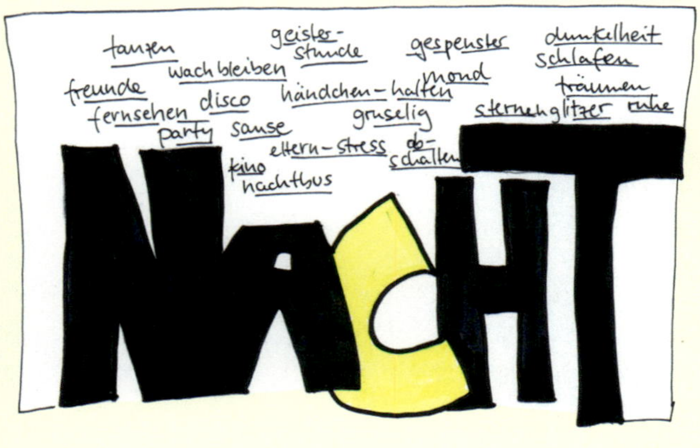

Theologisieren

Ziel:

Beim Theologisieren versucht ihr, gemeinsam Antworten auf eine theologische Frage zu finden. In dem Begriff „Theologisieren“ verstecken sich die griechischen Wörter „theos“ (Gott) und „logos“ (Rede). Es geht also beim Theologisieren um das Reden über Gott bzw. über den Glauben an Gott.

So geht ihr vor:

Zunächst braucht ihr einen Gesprächsanlass. Manchmal ist der Anlass schon eine Frage und manchmal hat sich die Frage auch versteckt, z. B. in einem Bild, einem Text oder in einem Gedanken. Es ist eure Aufgabe herauszufinden, wie ihr in der Reli-Gruppe über den Gesprächsanlass denkt. Dazu müsst ihr überlegen, welche Bedeutung das Thema für euch persönlich hat.
Ganz besonders wichtig sind auch eure eigenen Fragen, die ihr beim Theologisieren stellen könnt.

Beim Theologisieren könnt ihr in 6 Schritten vorgehen:

1. Ihr bildet einen Stuhlkreis, sodass ihr euch alle gut sehen könnt.

2. Gemeinsam schaut ihr euch den Gesprächsanlass an, über den ihr theologisieren möchtet. Lasst euch Zeit, um über das Thema nachzudenken.

3. Dann tauscht ihr euch über eure Gedanken aus. Ihr könnt euch dazu gegenseitig aufrufen. Haltet eure Gedanken und Fragen in Stichworten auf Blättern fest.

4. Die Blätter legt ihr in die Mitte eures Stuhlkreises auf den Boden.

5. Gemeinsam versucht ihr, die Zettel zu sortieren. Dazu könnt ihr nach Unterschieden und Gemeinsamkeiten suchen.

6. Überlegt, wie ihr nun am Thema weiterarbeiten könnt.

Beispiele, über die ihr theologisieren könnt:

Warum gibt es Leid auf der Welt, wenn Gott doch allmächtig und allgütig ist? (Theodizeefrage)

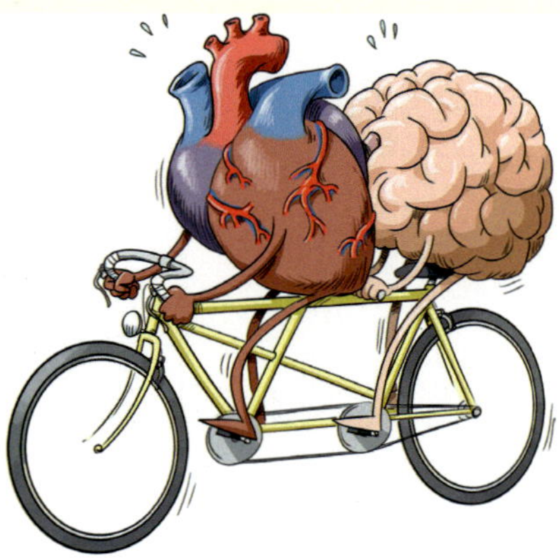

Jesus Christus ist der Weg zu Gott.

Traueranzeige gestalten

Ziel:

Mithilfe einer Traueranzeige kannst du die Trauer über den Tod eines dir nahestehenden Menschen zum Ausdruck bringen. Eine Traueranzeige enthält immer eine Information über den Menschen, der verstorben ist, aber zumindest indirekt auch Informationen über die Menschen, die die Anzeige verfasst haben.

So gehst du vor:

1. Informationen über den verstorbenen Menschen
Überlege, wie viele Informationen notwendig oder für dich wichtig sind. Es gibt keine Regeln, was eine Traueranzeige über den Verstorbenen enthalten muss.

2. Informationen über den oder die trauernden Menschen
Wie möchtest du dein Verhältnis zu dem verstorbenen Menschen zum Ausdruck bringen? Wie kannst du deine Trauer in Worte fassen? Findest du Worte, die Hoffnung vermitteln, oder passende Symbole?

3. Wirkung überprüfen
Zeige deinen Entwurf unterschiedlichen Menschen und prüfe ihre Reaktionen. Denke darüber nach, ob du deine Anzeige überarbeitest.

4. Realisierung
Überlege, welche Form und welches Medium zur Veröffentlichung deiner Anzeige geeignet sein könnte. Bringe in Erfahrung, was deine Anzeige kosten würde. Wie könnte die endgültige Gestaltung aussehen? Entwirf am PC eine Skizze.

Beispiel für eine Traueranzeige:

Traueranzeigen finden sich in der Regel in Tageszeitungen und zunehmend auch im Internet. In südeuropäischen Ländern gibt es solche Anzeigen auch an öffentlichen Orten wie auf dem Marktplatz.

Nach langem, schwerem, in großer Geduld und Tapferkeit ertragenem Leid, nahm Gott der Herr meine liebe Frau und Mutter

Inga Schöller

geb. von Kaufring
*16. April 1935 †19. August 2013

zu sich in den ewigen Frieden.

In stiller Trauer:
Reinhard Schöller Ehemann
Carola Schöller Tochter
im Namen aller Angehörigen

Evangelische Trauerfeier am Donnerstag, den 2.9.2013, um 14 Uhr in der Aussegnungshalle Friedhof Süd, anschließend Urnenbeisetzung. Von Beileidsbezeugungen am Grabe bitte Abstand nehmen.

Für die erwiesene und noch zugedachte Anteilnahme danken wir herzlich.

Verfremdung

Ziel:

Diese Methode dient dazu, eine Distanz zu einer vertrauten Person oder einem bekannten Thema zu schaffen und so eine andere Sichtweise und neues Verstehen zu ermöglichen. Als stilistisches Mittel setzt ihr Farben ein, die sich von der realen Farbgebung unterscheiden. Ihr verknüpft Gegenstände und Motive miteinander, die euch in dieser Komposition zum Nachdenken herausfordern.

So gehst du vor:

1. Zunächst fertigt ihr in Partnerarbeit Fotos an, die euch im Porträt in unterschiedlichen Ansichten (frontal, Profil, Halbprofil, Rückansicht) zeigen.

2. Du wählst ein Bild aus, das du verwenden möchtest. Dieses Bild nutzt du als Modell für deine Verfremdung.

3. Anschließend experimentierst du mit Farbstiften und probierst unterschiedliche Gestaltungsmöglichkeiten des Porträts auf einem Skizzenblatt aus.
Als Regel gilt: Körperfarben sind verboten und Übertreibungen sehr erwünscht.
Alternativ kannst du das ausgewählte Foto auch digital mithilfe eines Bildbearbeitungsprogramms verfremden.

4. Jetzt überträgst du dein Porträt mit Pinsel und Farbe auf ein DIN-A3-Blatt. Wenn du dich für eine digitale Fotobearbeitung entschieden hast, vergrößerst du das Foto, druckst es in Farbe aus und klebst es auf.

5. Grenze nun mit Bleistift Flächen im Hintergrund ab. Es kann dir helfen, dich, ähnlich den Mustern eines Kaleidoskops, an geometrischen Formen zu orientieren. Diese Flächen gestaltest du mit den Farben, Träumen, Wünschen und Ängsten an deine Zukunft.

Beispiel:

Selbstbildnis von Marc Chagall

Marc Chagall redet in seinem Selbstbildnis vertraut mit einer Kuh oder einem Schaf, im Hintergrund stehen Häuschen auf dem Kopf, eine Frau schwebt Flöte spielend kopfüber, der Zweig in Chagalls Händen sprüht geheimnisvoll.

Tipp: Ihr könnt die Verfremdung nicht nur anhand eines Selbstbildnisses umsetzen, sondern auch auf andere Inhalte übertragen.

Marc Chagall: Ich und das Dorf, 1911

Zeitungsbericht schreiben

Ziel:

Du kannst selbst einen Zeitungsbericht verfassen oder eine andere Textform, z. B. eine Erzählung, ein Gleichnis oder eine Wundergeschichte in einen Zeitungsbericht umformulieren.

So gehst du vor:

In einer Zeitung stehen die unterschiedlichsten Sorten von Texten.
Hier geht es um die Textsorte „kurzer Tatsachenbericht".

1. Formuliere eine knappe Überschrift. Gib dabei nur den zentralen Sachverhalt mit Ortsangabe, aber ohne Zeit und ohne Verb, an.

Beispiele:

„Wunderheilung in Jericho"
„Dortmund wieder an der Spitze"

2. Schreibe nun eine Unterüberschrift (einen sog. „Teaser"). Diese besteht aus nur einem Satz, der zum Weiterlesen verlocken will. Die Unterüberschrift kann auch eine Frage sein.

Beispiele:

„Blinder Mensch kommt durch Wunderkräfte wieder zum Sehen"

3. Nun schilderst du den Vorgang. Achte dabei darauf, dass deine Sätze verständlich und nicht zu lang sind. Verwende die 3. Person Singular in deinem Bericht und verzichte auf die Schilderung persönlicher Gefühle und die Angabe von Schätzungen. Erzähle im Präteritum. Du kannst die Glaubwürdigkeit deines Artikels unterstreichen, indem du Wortgruppen verwendest wie „nach Auskunft von Augenzeugen", „laut Polizeibericht". Achte darauf, dass dein Zeitungsbericht nicht mehr als 50–80 Wörter oder ca. 600 Zeichen umfasst.

Reli-Lexikon

Begriff	Erklärung	Seite
abrahamitisch	Als abrahamitisch bezeichnet man die Religionen, die ihre Anfänge auf Abraham und seinen Glauben an den einen Gott zurückführen. Zu den abrahamitischen Religionen zählen demnach das Christentum, das Judentum sowie der Islam.	137
Adam	Adam ist das hebräische Wort für den Menschen, den Gott in 1. Mose 2,7 aus Erde formt. Adam leitet sich von „adama" (hebräisch = Erde) ab. Das heißt, Adam ist kein Name, sondern erzählt etwas Grundsätzliches über den Menschen: „Denn du bist Erde und sollst zu Erde werden" (1. Mose 3,19). Alle Menschen sind „Adam", weil sie verbindet, dass sie sterben müssen.	22
Areopag	Das Wort „Areopag" besteht eigentlich aus zwei Wörtern, nämlich dem Namen der griechischen Gottheit Ares und dem „Hügel" (griechisch = pagos). In Athen, unweit der Akropolis, befindet sich bis heute der „Ares-Hügel" Areopag. In antiker Zeit, das heißt auch zur Zeit des Apostels Paulus, tagte hier der oberste Rat der Stadt Athen, um wichtige öffentliche Fragen zu verhandeln und Gerichtsurteile zu sprechen. Der Apostel Paulus wurde auf dem Areopag aufgefordert, seine „neue Lehre", das heißt den christlichen Glauben, zu erläutern (Apg 17,19).	116
Atheismus	Das Wort „Atheismus" stammt aus dem Griechischen und lässt sich übersetzen mit dem Ausdruck „ohne Gott". Es geht also beim Atheismus um die Überzeugung, dass es keinen Gott bzw. keine Götter gibt.	44
Auferstehung	Im Neuen Testament wird erzählt, dass Gott Jesus von Nazareth am dritten Tag nach seiner → Kreuzigung auferweckt hat. Damit wird umschrieben, dass Gott ihm neues Leben geschenkt hat.	78
Auschwitz	Auschwitz ist die deutsche Bezeichnung für die polnische Stadt Oświęcim, in der Nähe von Krakau. Am Westrand von Auschwitz errichteten die Nationalsozialisten ein Konzentrationslager, in dem über 1 Million Menschen ermordet wurden. In der Zeit nach dem Zweiten Weltkrieg ist Auschwitz zu einem Symbol für den → Holocaust geworden.	43
Autonomie	Autonomie setzt sich aus den griechischen Wörtern „autos" (selbst) und „nomos" (Gesetz) zusammen und kann mit „Selbstbestimmung" oder „Selbstständigkeit" übersetzt werden. Autonom zu denken, bedeutet, nicht nur nachzudenken, was andere gedacht haben, sondern eigene Theorien und Überzeugungen zu entwickeln. Autonom zu handeln, bedeutet, eigenständig Entscheidungen zu treffen und danach zu handeln.	25

Reli-Lexikon

Begriff	Erklärung	Seite
Bekenntnis	Das lateinische Wort für Bekenntnis lautet → Konfession. In dem Wort Konfession steckt: einen gemeinsamen Glauben haben. Man kann deshalb auch sagen: Alle Menschen, die sich zum selben Glauben bekennen, gehören zur selben Konfession.	119
Bergpredigt	Die Bergpredigt ist eine Sammlung von Worten Jesu. Sie ist in Mt 5–7 zu finden. Sie enthält Deutungen Jesu zu Texten des Alten Testaments, das Vaterunser und die Goldene Regel. Die Bergpredigt ist nach ihrer Einleitung benannt: „Jesus stieg auf einen Berg […] und lehrte sie."	89, 108
Bonifatius	Um 672 n. Chr. wurde in England Wynfreth geboren, der später von Papst Gregor II. zum Bischof mit dem Namen Bonifatius geweiht wurde. Bonifatius schwor im Namen des „seligen Petrus, des Fürsten der Apostel", dass er „den ganzen Glauben und die Reinheit der katholischen Lehre bewahren" werde.	116
Bruderschaft	Manche Christen haben sich entschieden, gemeinsam ihr Leben und ihren Glauben zu gestalten. Sie teilen sich meistens ihre Einkünfte, leben einfach und ehelos. Wenn Männer dies tun, nennt man es Bruderschaft. Es ist eine moderne Form eines Ordens und entstammt der Tradition des Mönchtums. Wenn sich Christinnen zusammenschließen, nennt man es Schwesternschaft.	131
Buddha	Siddhartha Gautama lebte im 5. bis 4. Jahrhundert v. Chr. in Nordindien. Er wird als der „historische Buddha" bezeichnet, im Gegensatz zu den mythischen Buddha-Figuren, von denen ebenfalls erzählt wird. „Buddha" heißt „Erwachter" und ist ein Ehrentitel für das Erlebnis, welches als „Erwachen" („Bodhi") bezeichnet wird. Mit dem Erwachen ist eine Art Erkenntnis bzw. die Überwindung des leidhaften Lebens gemeint. Nach dem Vorbild des historischen Buddhas befolgt man dessen Lehren.	149
Buddhismus	Der Buddhismus ist eine Lehre, die ursprünglich aus Indien stammt und hauptsächlich in Asien verbreitet ist. Sie ist die viertgrößte Religion auf der Welt. Die Buddhisten beziehen sich auf Siddhartha Gautama, der auch als historischer → „Buddha" bezeichnet wird. Im Buddhismus versucht man, das leidvolle Leben zu überwinden (→ Nirwana).	149

Begriff	Erklärung	Seite
Calvin, Johannes	Johannes Calvin lebte von 1509 bis 1564. Während seines Studiums in Frankreich begegnete er den reformatorischen Erkenntnissen Martin Luthers. Calvin wollte möglichst viele Menschen von diesen Ideen überzeugen. Aufgrund seiner Kritik an der römisch-katholischen Messe wurde er in Frankreich verfolgt und floh nach Basel in die Schweiz. Dort veröffentlichte er sein Hauptwerk „Christianae Religionis Institutio" (Unterweisung in der christlichen Religion). Anschließend wurde er nach Genf gerufen, um die Reform der Kirche zu leiten. Calvin verfasste weit über 100 Schriften und kommentierte fast alle biblischen Bücher.	17
Caravaggio, Michelangelo Merisi de	Michelangelo Merisi (1571–1610) wird nach dem italienischen Herkunftsort seiner Eltern Caravaggio genannt. Er war ein Maler des frühen Barock. Charakteristisch für seine Bilder sind die naturalistische Darstellung und die Helldunkelkontraste. Caravaggio malte die „Bekehrung des Paulus" für die Kirche Santa Maria del Popolo um 1604 in Rom.	78
Charisma	Der Ausdruck „Charisma" bedeutet wörtlich „aus Wohlwollen gespendete Gabe" und bezeichnet eine von Gott gegebene menschliche Begabung. Alltagssprachlich ist heute die Ausstrahlung eines Menschen gemeint.	74
Coming out	„Coming out" bezeichnet den inneren und äußeren Prozess, den Menschen durchlaufen, bis sie anderen Personen mitteilen: „Ich bin homosexuell." Das „innere Coming out" umfasst die Phase, in der einem Menschen bewusst wird, dass er sich mehr zu Menschen des eigenen Geschlechts hingezogen fühlt. Diese für sich selbst entdeckte Identität wird in der Phase des „äußeren Coming out" anderen Menschen offenbart. Der Prozess des „Coming out" begleitet homosexuell orientierte Menschen ihr ganzes Leben. Jede neue Begegnung und jedes neue Umfeld stellt sie wieder vor die Situation, ihre sexuelle Orientierung erklären zu müssen.	23
Cranach, Lucas, der Ältere	Lucas Cranach der Ältere (1472–1553) war einer der bedeutendsten Maler der deutschen Renaissance und eng mit Martin Luther befreundet. Die theologischen Ideen der Reformation wurden von ihm in Bildern dargestellt und so für Menschen zugänglich, die des Lesens nicht kundig waren. Seinen Illustrationen liegen Luthers Bibelübersetzungen zugrunde. Nach seinem Tod wurde die Werkstatt durch seinen Sohn Lucas Cranach dem Jüngeren fortgesetzt.	86

Begriff	Erklärung	Seite
Dalai Lama	Der Dalai Lama („ozeangleicher Lehrer") ist ein Titel des Ranghöchsten in der Hierarchie des → Buddhismus in Tibet, in der „Gelug-Schule". Der Titel wurde zum ersten Mal 1578 vom mongolischen Fürsten Altan Khan an seinen Lehrer Sönam Gyathso verliehen.	148
David	David regierte um 1000 v. Chr. als König von Juda und Israel. Die Samuelbücher des Alten Testaments zeichnen ein menschliches Bild von David, das ihn nicht nur stark und moralisch integer, sondern auch verletzlich, verführbar und schuldig zeigt. Er besiegt den Riesen Goliath mit einer Steinschleuder und wird ein erfolgreicher Kriegsheld. Obwohl König Saul ihn aus Eifersucht töten möchte, übt David keine Rache. Schließlich stirbt Saul im Kampf gegen die Philister. Mit ihm fällt Sauls Sohn Jonathan, mit dem sich David durch eine besondere Freundschaftsbeziehung verbunden fühlte. Nach Sauls Tod wird David König über die zwölf Stämme Judas und Israels. Er erobert Jerusalem und lässt die Bundeslade in die Hauptstadt bringen. Er schickt Urija in den sicheren Tod, um dessen Frau Bathseba zu sich zu holen.	23
DDR	Die Deutsche Demokratische Republik (DDR) war ein zweiter deutscher Staat, der von 1949 bis 1990 existierte. Das Land wurde durch eine kommunistische Diktatur regiert und ökonomisch mithilfe einer Planwirtschaft verwaltet. Große Teile der Bevölkerung waren mit den Verhältnissen nicht einverstanden. Eine „friedliche Revolution" der Bürgerinnen und Bürger setzte dem Unrechtsstaat ein Ende. Das Staatsgebiet trat der Bundesrepublik Deutschland bei und wurde in „neue Bundesländer" eingeteilt.	127
Dekalog	Das Wort „Dekalog" setzt sich zusammen aus den griechischen Wörtern „zehn" (Deka) und „Wort" (logos). Dekalog meint die biblischen Zehn Gebote, die Gott (nach den Erzählungen des Alten Testaments) am Berg Sinai durch Mose dem Volk Israel gab.	89
Diakonie	Das griechische Wort Diakonie bedeutet Dienst. In der evangelischen Kirche ist der Bereich der Diakonie auf alle Organisationen und Einzelhandlungen bezogen, die vor allem bedürftigen Menschen helfen und diese unterstützen.	126
Dianetik	Als Dianetik bezeichnen Scientologen eine Reihe von Techniken der Psychologie, die zu Bewusstseinserweiterungen führen sollen. Die Wirksamkeit dieser Techniken ist wissenschaftlich nicht belegt.	157

Begriff	Erklärung	Seite
Diaspora	Der Begriff „Diaspora" kommt aus dem Griechischen und kann übersetzt werden mit „Zerstreuung". Er bezeichnet die Situation von Gruppen mit einer bestimmten Religions- oder Volkszugehörigkeit, die aus ihrer Heimat vertrieben wurden und in einer fremden Umgebung leben müssen.	138
Einsamkeit	In der Psychologie werden zwei Formen von Einsamkeit unterschieden. Von „emotionaler Einsamkeit" spricht man, wenn einem ein Partner fehlt, dem man vertraut und mit dem man sich eng verbunden fühlt. „Soziale Einsamkeit" bedeutet, dass eine Person kaum soziale Beziehungen pflegt und ihr die Unterstützung, z. B. durch Freunde, Bekannte, Geschwister, fehlt.	21
Essener	Die Essener waren eine antike jüdische Gruppierung, die sich durch asketische Lebensregeln auszeichnete. Dazu gehörten gemeinschaftliches Eigentum, strenge Befolgung der Sabbatregeln und die Ablehnung von Gewalt. Ob die Schriftfunde von Qumran auf die Essener zurückgehen, ist umstritten.	84
Evolution	Evolution meint eine langsam fortschreitende Entwicklung. Die Evolutionstheorie erklärt die Entstehung sowie die Entwicklung von Leben. Ein bekannter Vertreter der Theorie ist der britische Naturwissenschaftler Charles Darwin. Aus seinen Beobachtungen folgerte er, dass sich an ihren Lebensraum angepasste Individuen besser fortpflanzen als schlecht angepasste Individuen. Mittlerweile befassen sich nicht nur Biologen mit der Evolutionstheorie, sondern auch Physiker und Chemiker.	40, 41
Fleury, Sylvie	Sylvie Fleury (geb. 1961) ist eine Schweizer Künstlerin, die mit ihren raumfüllenden Objekten bekannt wurde.	88
Freiheit nach Luther	Martin Luther entfaltet sein Freiheitsverständnis 1520 in der Schrift „Von der Freiheit eines Christenmenschen". Seine Doppelthese „Ein Christenmensch ist ein freier Herr und niemandem untertan. Ein Christenmensch ist ein dienstbarer Knecht und jedermann untertan" beschreibt den Menschen als frei und gebunden zugleich. Jesus Christus hat den Menschen die Sünden vergeben und sie innerlich frei gemacht. Wer Jesus Christus vertraut und an ihn glaubt, wird frei. Aus dieser inneren Freiheit heraus kann er sich dem Nächsten zuwenden und begibt sich damit freiwillig in eine Abhängigkeit.	12

Begriff	Erklärung	Seite
Gandhi, Mahatma	Mahatma Gandhi (1869–1948) lebte in Indien und ist als gewaltloser Widerstandskämpfer bekannt geworden. Er war Anführer einer Unabhängigkeitsbewegung, die sich 1947 gegen die britische Kolonialherrschaft auflehnte. Dies geschah gewaltlos durch Hungerstreiks, Ungehorsam, waffenlosen Widerstand, zahlreiche Reden und Gespräche. Er forderte die → Menschenrechte für Frauen und Außenseiter der Gesellschaft und setzte sich für die Versöhnung von Hindus und Moslems ein. Er verbrachte acht Jahre in verschiedenen Gefängnissen und starb durch ein Attentat. Er wurde mehrmals für den Friedensnobelpreis nominiert. In seinem Todesjahr wurde der Friedensnobelpreis symbolisch nicht vergeben.	146
Gleichnis	Ein Gleichnis ist eine bildhafte Erzählung, bei der ein Sachverhalt mithilfe eines Vergleichs verdeutlicht wird. Jesus von Nazareth verwendete Gleichnisse, um von Gott zu sprechen. Dabei griff er auf Alltagserfahrungen der Menschen zurück. Gott selbst tritt in seinen Gleichnissen nicht auf.	74, 85
Gottesbeweis	Unter einem Gottesbeweis versteht man den Versuch, die Existenz Gottes mithilfe der Vernunft zu beweisen. Die Idee, Gott zu beweisen, geht bis in vorchristliche Zeit zurück. In der heutigen Zeit befassen sich auch Nicht-Theologen mit Gottesbeweisen bzw. finden Theologen neue Formulierungen für die frühzeitlichen Gottesbeweise.	45, 48
Gottes Kinder	Im christlichen Sinne ist jeder Mensch ein von Gott geliebtes Geschöpf. Als geliebtes Kind Gottes werden Menschen bezeichnet, die begonnen haben, der Liebe Gottes zu vertrauen und ihr Leben davon bestimmen zu lassen und sie zu erwidern. „Wie viele ihn aber aufnahmen, denen gab er [Jesus] Macht, Gottes Kinder zu werden, denen, die an seinen Namen glauben […].“ (Joh 1,12)	108
Hiob	Hiob war ein frommer Mann aus dem Land Uz. Er war wohlhabend, hatte eine Frau und zehn Kinder. Als Satan Gott gegenüber behauptet, Hiob sei nur deshalb ein frommer Mann, weil Gott seinen Besitz beschützt, erlaubt ihm Gott, Hiob zu prüfen. Doch obwohl Hiob all seinen Besitz, seine Kinder und schließlich auch seine Gesundheit verliert, hält er an seinem Gottesglauben fest.	42
Holocaust	Der Begriff „Holocaust“ stammt aus dem Griechischen und bedeutet „vollständig verbrannt“. Der Holocaust bezeichnet die Ermordung von etwa 6 Millionen Juden durch die Nationalsozialisten. Alternativ spricht man auch von „Shoah“ (hebräisch = Unheil, Katastrophe).	138

Begriff	Erklärung	Seite
Homosexualität	Als homosexuell (griechisch = gleichgeschlechtlich) werden Menschen bezeichnet, die sich zu Menschen des eigenen Geschlechts hingezogen fühlen. Der Begriff steht sowohl für Schwule als auch Lesben. Viele homosexuelle Paare sind verheiratet. In das schwul-lesbische Leben treten Menschen mit dem → „Coming out". Homosexualität ist nicht mit Transsexualität gleichzusetzen. Transsexuelle Menschen fühlen sich einem anderen Geschlecht zugehörig, als ihre körperlichen Merkmale anzeigen. Ihr „äußeres Coming out" hat das Ziel, als Angehörige des anderen Geschlechts anerkannt zu werden.	23
Interreligiöser Dialog	Hierunter versteht man das respektvolle oder auch kritische Gespräch zwischen Vertretern unterschiedlicher Religionen. Der interreligiöse Dialog umfasst Themen der Theologie sowie des Alltags. Angesichts der Globalisierung und angesichts religiös motivierter Konflikte hat der interreligiöse Dialog an Bedeutung gewonnen.	141
Jeremia	Der Prophet Jeremia lebte im 7. bis 6. Jahrhundert v. Chr. Er versuchte vergeblich, sich gegen den Auftrag Gottes zu wehren, die Menschen anzuklagen und ihnen mit dem Gericht Gottes zu drohen (Jeremia 1,4–19). In seiner Heimatstadt Anatot bringt ihn sein prophetischer Auftrag in Lebensgefahr (Jeremia 11,18–23). In Jerusalem wird Jeremia gefangen genommen (Jeremia 37,11–16). Er ging später ins Exil nach Ägypten. Das Jeremiabuch schildert die politische Situation am Königshof in Jerusalem und berichtet von der zweimaligen Eroberung Jerusalems und der Zerstörung der Stadt und des Tempels durch Nebukadnezar II von Babylon (Jeremia 39 und 52) in den Jahren 597–586 v. Chr. Diese geschichtlichen Ereignisse werden in Jeremias Prophezeiungen als Strafe Gottes gedeutet.	11
Jerusalemer Tempel	Der Tempel war das jüdische Heiligtum in Jerusalem. König Salomo ließ ihn als Wohnung Gottes bauen. Zur Zeit Jesu wurden die Vorhöfe des Tempels ausgebaut, damit sie noch mehr Menschen aufnehmen konnten. Zum Pessachfest kamen Juden aus dem ganzen Land zusammen, um im Tempel zu opfern. Nach seiner Zerstörung durch die Römer im Jahr 70 n. Chr. wurde er nicht wieder aufgebaut.	84
Kaddisch	Das Kaddisch ist eines der wichtigsten Gebete des Judentums und leitet sich vom aramäischen Begriff „heilig" ab. Das Lob Gottes steht im Mittelpunkt. Im Judentum wird es vor allem während der Totenklage angestimmt. Die grundlegenden Gedanken des Kaddisch wurden in das Vaterunser (Mt 6,9–13) aufgenommen.	90

Reli-Lexikon

Begriff	Erklärung	Seite
Kaléko, Mascha	Mascha Kaléko ist eine deutschsprachige Dichterin. Sie wurde am 7. Juni 1907 in Chrzanów in Galizien, heute Polen, geboren und verstarb am 21. Januar 1975 in Zürich. Sie schrieb das Gedicht „Memento" nach dem Tod ihres einzigen Sohnes und, wenige Jahre später, dem ihres Mannes 1973. Knapp zwei Jahre später verstarb sie selbst.	31
Karma	Das Karma („Wirken, Tat") bezeichnet eine Gedankenfolge, nach welcher jede Handlung – auch Gedanken – immer eine Folge hat, die sich nicht nur sofort, sondern auch im nächsten Leben zeigen kann. Das Karma wird nicht durch einen Gott geprägt oder hervorgerufen, z. B. durch dessen Gnade oder Strafe, sondern stellt eher eine Art konsequente Gesetzmäßigkeit, die sich aus der Handlung ableitet, dar. Um den ewigen Kreislauf der Geburten zu unterbrechen, ist es das Ziel, gar kein Karma mehr zu erzeugen.	147
Kommunität	Das lateinische Wort „communitas" kann man mit „Gemeinschaft" übersetzen. Eine Kommunität ist eine religiös ausgerichtete Lebensgemeinschaft, die konfessionell gebunden oder überkonfessionell (→ Konfession) sein kann. Klöster sind die bekannteste Form einer solchen Gemeinschaft. Es gibt nicht nur reine Männer- oder Frauengemeinschaften, sondern auch gemischtgeschlechtliche Gemeinschaften.	52
Konfession	Das Wort „Konfession" stammt von dem lateinischen Wort „confessio" und bedeutet „Bekenntnis". Der Begriff wird als Bezeichnung für eine christliche Richtung (z. B. evangelisch) verwendet, die sich durch ein gemeinsames Bekenntnis von anderen christlichen Richtungen (z. B. römisch-katholisch) unterscheidet. Die evangelische Kirche wiederum teilt sich seit der Reformationszeit in eine lutherische, eine reformierte und eine täuferische Konfession. Auch die babtistische, methodistische und anglikanische Kirche werden als evangelische Konfession bezeichnet.	119
Konsumhedonismus	Der Begriff beschreibt eine Lebenseinstellung, die den Sinn des menschlichen Lebens in der Erfüllung von Spaß und Lust findet. Einkaufen oder Shoppen ist für den Konsumhedonisten mit Gefühlen verbunden, die ihm wichtiger sind als die Produkte selbst oder deren Wert.	156
Konstantinische Wende	Als konstantinische Wende wird die religiöse Entwicklung bezeichnet, die auf den römischen Kaiser Konstantin I. zurückgeht. Ab 313 wurde das Christentum als religiöse Gemeinschaft offiziell anerkannt und im Jahre 380 von einer verfolgten Massenbewegung zur Staatsreligion erhoben.	118

Begriff	Erklärung	Seite
Konzil	Das Wort „Konzil“ kommt von dem lateinischen Wort „concilium“ und bedeutet „Zusammenkunft“ oder „Versammlung“. In den ersten Jahrhunderten trafen sich die Christen, um das festzulegen, was sie gemeinsam glauben. Konzile können innerhalb einer Konfession (z. B. Vatikanisches Konzil) oder zwischen Kirchen als ökumenisches Konzil stattfinden.	119, 130
Kosmos	Das Wort „Kosmos“ stammt aus dem Griechischen und bedeutet „Ordnung“ oder auch „Glanz und Ehre“. Wenn vom Kosmos die Rede ist, ist damit das Universum bzw. die Ordnung und Struktur des Universums gemeint.	45
Kreationismus	Im Begriff des „Kreationismus“ verbirgt sich das lateinische Wort „creatio“ (Schöpfung). Kreationisten sind der Auffassung, dass die Entstehung des Universums und des Lebens auf einen unmittelbaren Eingriff Gottes in die Naturprozesse zurückzuführen sind. Bestätigt sehen sich die Kreationisten u. a. durch die Schöpfungserzählung im ersten Mosebuch, die sie wörtlich interpretieren.	40
Kreuzigung	Die Kreuzigung war eine in der Antike weit verbreitete Hinrichtungsart. Anders als beim Erhängen sollte die Todesqual verlängert werden. Ein Mensch wurde dabei an einen Pfahl, mit oder ohne Querbalken, gefesselt oder genagelt. Im Römischen Reich wurden vor allem Nichtrömer und Sklaven gekreuzigt. Nachdem das Christentum Staatsreligion geworden war, wurde die Kreuzigung abgeschafft.	76
Kreuzweg	Als Kreuzweg bezeichnet man eine Strecke mit sieben Stationen, an denen die Leiden Jesu dargestellt sind. In der religiösen Praxis gehen die Gläubigen meditierend und betend die Passion Jesu nach.	76
Liebig, Justus	Er war ein deutscher Chemiker und Universitätsprofessor in Gießen und München. Er lebte 1803 bis 1873. Sein größtes Ziel war die Förderung der Landwirtschaft, um die damaligen Hungersnöte zu verhindern. Nach langen Forschungen gelang es ihm, den Superphosphat-Dünger zu entwickeln, der auch heute noch der weltweit meist verwendete ist.	53
Mammon	Unter Mammon ist ein unredlich erworbener Gewinn zu verstehen, der zu einer lebensbestimmenden Kategorie erhoben ist. Wenn mit dem abwertenden Begriff das Geld überhaupt gemeint ist, spricht man vom schnöden Mammon.	88

Reli-Lexikon

Begriff	Erklärung	Seite
Märtyrer	Ein Märtyrer ist ein Mensch, der wegen seines Glaubens leidet, verfolgt wird und für seinen Glauben auch einen gewaltsamen Tod auf sich nimmt.	119
Meditation	Meditation (lateinisch = nachdenken, nachsinnen) ist eine Konzentrationsübung, bei der man versucht, den Geist zu sammeln und zu beruhigen. In vielen Religionen und Kulturen ist dies üblich und wird als „bewusstseinserweiternd" oder als „frei von Gedanken sein" beschrieben.	57, 149
Menschenrechte	Als Menschenrechte werden individuelle Rechte bezeichnet, die jedem Menschen gleichermaßen zustehen. Diese Idee geht davon aus, dass alle Menschen allein aufgrund ihres Menschseins mit gleichen Rechten ausgestattet sind und dass diese Rechte universell, unveräußerlich und unteilbar sind. Die Idee der Menschenrechte ist eng verbunden mit dem Zeitalter der Aufklärung.	91
Menschensohn	Der Begriff „Menschensohn" stammt aus dem Alten Testament (z. B. Dan 7,13). Er beschreibt dort einen Überbringer von Heil. Im Neuen Testament wurde diese Vorstellung auf Jesus von Nazareth übertragen.	156, 158
Menschenwürde	Die Würde des Menschen ist an keinerlei Voraussetzungen gebunden, sondern drückt den Wert eines jeden Menschen aus – unabhängig von Herkunft, Geschlecht, Alter oder der Fähigkeit, ein selbstbestimmtes Leben zu führen. Die Unantastbarkeit der Menschenwürde ist im Grundgesetz, Artikel 1, verankert. Die Idee der Menschenwürde geht auf die Gottesebenbildlichkeit des Menschen in 1. Mose 1,27 zurück.	97
Messias	Das hebräische Wort „Messias" und das griechische Wort „Christus" bedeuten „der Gesalbte". Dieser Titel wird Menschen verliehen, die von Gott für besondere Aufgaben ausgewählt und beauftragt wurden. Zur Zeit Jesu erwartete das jüdische Volk sehnsuchtsvoll einen Messias, der sie von den Römern befreien und das Reich Gottes errichten sollte. In messianischen Weissagungen der → Tora wird das Wirken des Messias beschrieben, z. B. in Jes 9 und Mi 5. Christen sehen in Jesus von Nazareth den Messias.	74, 84

Begriff	Erklärung	Seite
Mission	Das Wort „Mission“ leitet sich vom lateinischen Wort „missio“, ab und bedeutet im weitesten Sinn „Auftrag“ und „Beauftragung“. Die christliche Bedeutung von Mission bezeichnet eine Aufgabe, die grundsätzlich jedem getauften Christenmenschen zugetraut wird, nämlich den Glauben an Jesus Christus zu verbreiten. In der Vergangenheit verstand man unter Mission vor allem die Verbreitung des Christentums in solchen Ländern oder Regionen, die noch nie etwas vom Christentum gehört hatten. Dafür wurden besondere „Missionare“ ausgebildet und beauftragt. Seit es solche Länder nicht mehr gibt, hat sich auch das Verständnis von Mission verändert.	116, 117
Monotheismus	Der Monotheismus ist im Gegensatz zum → Polytheismus der Glaube bzw. die Verehrung eines allumfassenden Gottes.	153
Moral	Unter Moral versteht man die Sitten, Grundsätze und Werte, die das Zusammenleben in einer Gesellschaft regeln. In der Philosophie bezeichnet Moral die Lehre vom sittlichen Verhalten des Menschen. Als einen „moralischen Menschen“ bezeichnet man einen Menschen, der sein Leben an den allgemein anerkannten Wertvorstellungen ausrichtet.	44, 45
Negrito	Negritos ist eine Sammelbezeichnung für mehrere Volksgruppen in Süd- und Südostasien.	159
Nirwana	Der Begriff „Nirwana“ (Erlöschen, Verwehen) bezeichnet im → Buddhismus den Austritt aus dem Kreislauf des Leidens und der Wiedergeburten durch das Erwachen („Bodhi“). Hiermit ist das Ende aller falschen persönlichen Lebensansichten bzw. Lebenseinstellungen (wie Egoismus, Gier) gemeint.	149
Offenbarung	Ganz allgemein versteht man hierunter die Eröffnung von etwas, das bislang im Verborgenen lag. Im religiösen Bereich meint Offenbarung ein Ereignis oder Erlebnis, in dem sich Gott den Menschen mitteilt, indem er zu ihnen spricht oder sich ihnen zeigt. Offenbarungserlebnisse werden von besonderer Bedeutung für das eigene Leben angesehen.	45
Ökumene	Der Dialog und die Zusammenarbeit zwischen katholischer und evangelischer Kirche (und weiteren christlichen Kirchen und Religionen) wird als ökumenische Bewegung bezeichnet.	110

Reli-Lexikon

Begriff	Erklärung	Seite
Palästina	Palästina ist der Name einer römischen Provinz. Nach einem Aufstand der Juden gegen die römischen Besatzer wurde ihr Land Judäa umbenannt. Die Hauptstadt Jerusalem hieß von da an Aelia Capitolina. Im Jahr 1948 wurde in dieser Region der Staat Israel gegründet.	74
Passion	Der Begriff „Passion" kommt aus dem Lateinischen und bedeutet „Leiden". Die Passion Jesu beschreibt seinen Leidensweg vom Einzug in Jerusalem bis zur Kreuzigung durch die Römer. Die Passionsgeschichten sind keine Protokolle der tatsächlichen Ereignisse, die zu Jesu Tod führten, sondern ihre theologischen Deutungen.	76
Patriarchale Strukturen in der Bibel	Der Begriff „Patriarch" leitet sich von den griechischen Wörtern „pater" (Vater) und „arché" (Anfang, Macht, Herrschaft) ab. Patriarchale Strukturen sind väterliche bzw. männliche Herrschaftsstrukturen. Solche Herrschaftsstrukturen, die von einer Unterordnung der Frau ausgehen, spiegeln sich auch in den biblischen Büchern wider, weil die Bibel durch die gesellschaftlichen Verhältnisse der Zeit geprägt wurde, in der sie entstand. Manche Rollenvorstellungen wurden erst durch die Übersetzung eingetragen. Martin Luther hat das männliche hebräische Wort für „Hilfe" in 1. Mose 2,18 z. B. als „Gehilfin" übersetzt und damit sein eigenes Rollenverständnis hineingebracht.	20, 22
Pharisäer	Die Pharisäer (hebräisch = die Abgesonderten) waren eine theologische und politische Schule des antiken Judentums. Nach der Zerstörung des Tempels 70 n. Chr. waren die Pharisäer die einzige überlebende jüdische Strömung. Die theologischen Einsichten Jesu von Nazareth gleichen den Positionen der Pharisäer. Im Neuen Testament werden die Vertreter der Pharisäer als Heuchler kritisiert.	84
Polytheismus	Der Polytheismus ist im Gegensatz zum → Monotheismus der Glaube an mehrere Götter bzw. die Verehrung mehrerer Götter oder Geister.	147, 153
Predigt	Unter einer Predigt ist im Christentum eine religiöse Ansprache zu verstehen. In den evangelischen Kirchen bildet sie das Zentrum des Gottesdienstes.	72
Prior	Der Prior ist der geistliche Leiter eines Ordens.	131
Projektion	In der Psychologie beschreibt die Projektion einen Abwehrmechanismus: Eigene Gefühle und Wünsche werden – in der Regel unbewusst – auf Personen, Menschengruppen, Lebewesen oder andere Objekte übertragen.	44

Begriff	Erklärung	Seite
Propheten	Die Propheten wurden von Gott berufen und redeten und handelten im Auftrag Gottes. Manche Propheten waren am Königshaus angestellt, andere (z. B. Amos) finanziell unabhängig. Berufungsgeschichten des Mose, Jona oder Jeremia unterstreichen, dass Gott seinen Propheten mit ihrem Auftrag etwas zumutet, das sie sich aus eigener Kraft nicht zutrauen. Im Namen Gottes reden die Propheten den Menschen ins Gewissen und rufen sie dazu auf, ihr Leben zu ändern.	11
Reich Gottes	Das Reich Gottes bezeichnet einen Ort, an dem Gott erfahrbar wird oder eine bestimmte Weise, wie Gott sich Menschen zeigt. Das Reich Gottes ist im Neuen Testament ein Ausdruck für den Glauben und die Sehnsucht der Menschen, dass Gott als Herr der Welt eines Tages Unrecht und Leid beenden wird. In Jesu Reden und Handeln kann man das Reich Gottes aber schon erkennen und spüren, zum Beispiel, indem Jesus mit den Menschen feiert, ihnen hilft oder für sie da ist, mit ihnen redet und ihnen zuhört, ohne Unterscheidung nach Geschlecht, Ansehen, Beruf, Alter oder Verhalten.	75
Reinkarnation	Reinkarnation bezeichnet die Wiedergeburt (lateinisch = Wiederfleischwerdung, Wiederverkörperung) und bedeutet die Vorstellungen des Menschen, dass eine Seele oder mentale (geistige) Prozesse sich nach dem Tod in einem anderen Wesen wiederfinden.	147
Römer	Die Römer beherrschten bis zum 7. Jahrhundert n. Chr. den gesamten Mittelmeerraum. Auch die Juden mussten Abgaben und Steuern nach Rom zahlen. Das führte zu einer Verarmung großer Teile der Bevölkerung. Ihre Religion durften die Juden uneingeschränkt ausüben. Mehrere jüdische Aufstände gegen die römische Herrschaft endeten 135 n. Chr. mit der Zerstörung Jerusalems. Juden durften dort nicht länger wohnen. Sie zerstreuten sich über die ganze Welt. Erst seit 1948 gibt es wieder einen jüdischen Staat.	74, 90
Sadduzäer	Die Sadduzäer stellten eine religiöse Gruppe zur Zeit Jesu dar. Sie organisierten und verantworteten den Jerusalemer Tempel. Sie arbeiteten eng mit den Römern zusammen. Als Jesus die Tische der Händler auf dem Vorhof des Tempels umstieß (Mk 11,15–19), sahen sie darin einen Angriff auf die Heiligkeit des Tempels. Die Sadduzäer ließen Jesus festnehmen und an die Römer übergeben.	84

Begriff	Erklärung	Seite
Sakramente	Das Heilige (lateinisch = sacrum) ist immer unsichtbar. Christen glauben jedoch, dass Gottes Gnade an bestimmten sichtbaren Zeichen wie der Taufe und dem Abendmahl sichtbar und spürbar wird. Gott hat sich selbst an diese Zeichen gebunden, die deshalb nicht verändert oder ersetzt werden dürfen. Man hat deshalb die Sakramente auch als „sichtbare Zeichen der unsichtbaren Gnade Gottes" bezeichnet. Die katholische Kirche zählt bis heute sieben Sakramente: die Taufe, das Abendmahl (Eucharistie), die Weihe von Diakon, Priester und Bischof, die Buße, die Ehe, die Firmung und die Krankensalbung (früher „letzte Ölung", „Sterbesakrament"). Martin Luther und die evangelischen Kirchen erkennen nur diejenigen beiden Sakramente an, die Jesus Christus selbst eingesetzt hat: Taufe und Abendmahl.	121
Schweitzer, Albert	Albert Schweitzer war ein deutsch-französischer Theologe und Arzt und lebte von 1875 bis 1965. Schweitzer leistete wichtige Beiträge zur Erforschung des Lebens Jesu, gründete in Lambaréné im zentralafrikanischen Gabun ein Krankenhaus und unterstützte aktiv die Friedensbewegung während des Kalten Krieges. 1952 erhielt er dafür den Friedensnobelpreis. Berühmt wurde Schweitzer durch seine Ethik der Ehrfurcht vor dem Leben. Darunter ist die alltägliche Zuwendung an jedes hilfsbedürftige Leben zu verstehen, mit dem Ziel, es zu erhalten und zu fördern.	79
Scientology	Scientology ist eine religiöse oder weltanschauliche Bewegung, die auf den US-amerikanischen Schriftsteller Lafayette Ron Hubbard zurückgeht. Seit 1953 ist Scientology in den USA als Kirche eingetragen. In Frankreich und Deutschland ist der Religionscharakter umstritten. Der Verfassungschutz beobachtet die Organisation.	157
Seligpreisungen	Die Seligpreisungen sind ein Abschnitt der bekannten → Bergpredigt Jesu, wie sie im Matthäusevangelium überliefert ist (Mt. 5). In der Rede am See Genezareth verspricht Jesus den Benachteiligten der Gesellschaft die Teilhabe am → Reich Gottes. Eine wesentlich kürzere Fassung der Seligpreisungen findet man im Markusevangelium (Mk. 6,20–22).	89, 108
Slevogt, Max	Franz Theodor Max Slevogt (1868–1932) war ein deutscher Maler des Impressionismus. In dieser Stilrichtung wird das Licht zum Träger der Bildstrukturen. Die Farbe wird zum Ausdruck von Atmosphäre und Beziehung. Die Motive werden nicht einfach abgebildet, sondern der Augenblick festgehalten.	90

Begriff	Erklärung	Seite
Stalingrad	Stalingrad, heute Wolgograd, ist eine russische Großstadt an der unteren Wolga. 1942/43 wurden hier große Verbände der deutschen Wehrmacht vernichtet. Die Schlacht von Stalingrad wurde zum Wendepunkt in der Geschichte des Zweiten Weltkrieges und zum Symbol des sinnlosen Sterbens.	73
Steuerpächter	Die Steuerpacht ist ein Verfahren zur Steuererhebung, bei dem ein Staat die Steuern nicht selbst einzieht, sondern über Privatleute, die Pächter, einnehmen lässt. Die Römer bevorzugten dieses System. Juden, die auf diese Weise mit dem römischen Staat kollaborierten, verloren ihre Würde innerhalb der jüdischen Gemeinschaft.	74
Streetart	Streetart (englisch = Straßenkunst) ist nicht kommerzielle und nicht autorisierte Kunst auf öffentlichen Plätzen, Wänden und Straßen. Streetart-Kunst ist „nicht kommerziell", weil die Streetart-Künstler für ihre Kunstwerke kein Geld bekommen. Sie ist „nicht autorisiert", weil die Streetart-Künstler aus eigenem Antrieb und ohne eine Beauftragung den öffentlichen Raum gestalten. Im Unterschied zu Graffiti überwiegt der Bildanteil, nicht die Gestaltung des Namens.	12, 21, 27
Sündenfall	In vielen Bibelübersetzungen ist das biblische Kapitel 1. Mose 3 mit dem Titel „Der Sündenfall" überschrieben. Dieser Titel transportiert eine Deutung der Geschichte von → Adam und Eva: Weil sie gegen Gottes Gebot verstoßen und vom Baum der Erkenntnis gegessen haben, sind auch alle nachfolgenden Menschen „in Sünde gefallen" und können nur durch die Gnade Gottes befreit werden. Diese Deutung der Geschichte ist in ihr selbst nicht angelegt. 1. Mose 3 erzählt nicht von den ersten Menschen im historischen Sinn, sondern beschreibt ein typisch menschliches Bedürfnis: erkennen, verstehen zu wollen und deshalb der Frucht des Baumes nicht widerstehen zu können.	23
Talent	Das Talent war eine antike Maßeinheit der Masse, das zur Zeit Jesu als Währung diente. Mit einem Talent konnten ein römisches Schiff oder 20 Sklaven erworben werden. Einem Talent entsprachen 10.000 Denare, wobei 1 Denar das Tageseinkommen eines Tagelöhners darstellte.	85
Theodizee	Der Begriff „Theodizee" setzt sich zusammen aus den griechischen Wörtern für Gott und Gerechtigkeit. Es geht bei der Theodizee um den Versuch, das Leiden in der Welt angesichts eines allmächtigen, allwissenden und gütigen Gottes zu erklären. Die sogenannte Theodizeefrage hat die Menschen schon immer beschäftigt – von der Antike bis heute. Entsprechend vielfältig sind die Antwortversuche.	48

Begriff	Erklärung	Seite
Titusbogen	Der Titusbogen ist ein Tor, das sich in Rom befindet und zu Ehren des römischen Kaisers Titus errichtet wurde. Titus hatte den jüdischen Aufstand im Jahre 70 niedergeschlagen und Jerusalem zerstört. Der Bogen zeigt, wie das Inventar des jüdischen Tempels als Akt der Demütigung des Judentums nach Rom gebracht wird.	84
Tora	Die Tora ist der erste Teil der hebräischen Bibel und umfasst die fünf Bücher Mose. Wörtlich übersetzt bedeutet der Begriff „Weisung". Gemeint ist dann nicht das Buch, sondern ein Verständnis des Inhalts als göttliche Hilfestellung für ein gelingendes Leben.	76
Tour, Georges de la	Georges de la Tour (1593–1652) war ein französischer Maler des Barock. Seine Bilder gehören zur kontrastreichen Helldunkelmalerei, dem Chiaroscuro.	72
Trauung	Als Trauung wird sowohl die Hochzeitszeremonie in der Kirche als auch der rechtliche Akt der Eheschließung im Standesamt bezeichnet. Der Wortbedeutung nach kann die Trauung auch als ein Zeichen des gegenseitigen Vertrauens der Partner verstanden werden.	25, 26
Urknall	Als Urknall bezeichnet man den Beginn des Universums. Man versteht darunter keine Explosion in einem bereits bestehenden Raum, sondern die gemeinsame Entstehung von Materie, Raum und Zeit. Wissenschaftler gehen davon aus, dass sich der Urknall vor knapp 14 Milliarden Jahren ereignet hat. Zu den Begründern der Urknalltheorie zählt Georges Lemaître, ein belgischer Priester und Astrophysiker.	40
Vesper	Die Mönche des Mittelalters, die ihr ganzes Leben der Verehrung Gottes und der Fürbitte für die Welt widmeten, übten sogenannte Stundengebete vom Anbruch des Tages bis zum Anbruch der Nacht. Die Gebetszeit am frühen Abend hieß Vesper (lateinisch „vespera" = Abend). In vielen orthodoxen Kirchen wird am Vorabend von großen Festen wie Weihnachten, Ostern oder Pfingsten eine sogenannte Große Vesper mit der ganzen Gemeinde gefeiert. Davon zu unterscheiden ist das Vesper, das umgangssprachlich eine einfache Mahlzeit bezeichnet.	121
Vision	Eine Vision von der Zukunft haben heißt, bestimmte Erwartungen oder Befürchtungen in einer klaren Vorstellung beschreiben zu können. Im Alten Testament werden damit die Zukunftsbilder der Propheten bezeichnet.	160

Begriff	Erklärung	Seite
Wunder	Die Wunder des Neuen Testaments sind Erzählungen der ersten Christen. Sie beschreiben und deuten, wie Menschen Jesus begegneten und dabei ihr Leben veränderten. Die Wundergeschichten erzählen, wie die ersten Christen von Gott, Jesus und den Menschen ihrer Zeit dachten.	87
Zeloten	Die Zeloten waren eine jüdische Widerstandsbewegung, die mit Gewalt gegen die römische Besatzungsmacht vorging. Der Begriff kommt aus dem Hebräischen und bedeutet wörtlich „Eiferer". Sie gelten als Initiatoren des jüdischen Aufstandes gegen die Römer, der mit der Vernichtung des Tempels und Jerusalems endete.	84

Textquellennachweis

13 Nina Salzer: Interview mit der Berufsberaterin Uta Glaubitz vom 04.04.2011, zitiert nach: http://www.fluter.de/de/morgen/thema/9273 (Abruf am 13.06.2014); **24** Erich Fried: Fragen und Antworten, in: Was bist du mir? Gedichte von der Liebe, Bertelsmann-Club, Gütersloh; Buchgemeinschaft Donauland, Wien; Buch- u. Schallplattenfreunde, Zug/Schweiz; Dt. Buch-Gemeinschaft, Berlin, Darmstadt, Wien 1987; **25** oben links Trauversprechen, in: Trauung. Agende für die Union Evangelischer Kirchen in der EKD, Luther-Verlag, Bielefeld 2006, **S. 91; 25 oben rechts** Max Frisch: In der Schwebe, in: Tagebuch 1946–1949, Suhrkamp Verlag, Berlin 1985, **S. 26; 25 unten rechts** Paul Tillich: Gerechtigkeit in der Liebe, aus: Aufsatz „Die Moral der Liebe" (1956), in: Liebe, Macht, Gerechtigkeit, De Gruyter, Berlin 1991; **30** Rückfall, in: Michael Klemm (Hg.): Tränen im Regenbogen, Attempto-Verlag, Tübingen 1991, **S. 229; 31** Mascha Kaléko: Memento. Aus: Verse für Zeitgenossen. Rowohlt Taschenbuch Verlag, Reinbek. © 1975 Gisela Zoch-Westphal; **33 oben** Dietrich Bonhoeffer: Zitat aus einem Brief aus dem Gefängnis in Tegel am 30. April 1944, in: Widerstand und Ergebung, Gütersloher Verlagshaus, München 1951, **S. 182; 33 unten** Kurt Marti: Leichenrede, in: Leichenreden. Mit einem Nachwort von Peter Bichsel, Deutscher Taschenbuch Verlag, 3. Auflage, München 2004; **34** Daniela A. Ben Said, in: Das Märchenseminar. Persönlichkeitstraining mit Herz oder Geschichten aus dem Leben für das Leben, Geest-Verlag, Vechta-Langförden 2006; **36** Ulf Nilsson, in: Die besten Beerdigungen der Welt, übersetzt von Ole Könnecke, Beltz & Gelberg; Lizenzausgabe, Weinheim 2013; **41 links** frei zitiert nach: Ernst Peter Fischer: Die andere Bildung. Was man von den Naturwissenschaften wissen sollte, Ullstein Verlag, Berlin 2001; **41 rechts** frei zitiert nach: Klaus von Stosch: Einführung in die Systematische Theologie, UTB, Stuttgart 2008; **43** Esther Hillesum: Tagebucheintrag vom 3. Juli 1943, in: Etty Hillesum: Das denkende Herz der Baracke. Die Tagebücher 1941–1943, übersetzt von Maria Csollány, Verlag Herder, Freiburg 2014; **44** frei zitiert nach: Alfred Grosser: Die Früchte ihres Baumes. Ein atheistischer Blick auf die Christen, übersetzt von Paul Endres, Vandenhoeck & Ruprecht, Göttingen 2005; **46** Beatrice von Weizsäcker, in: Ist da jemand? Gott und meine Zweifel, Piper Verlag, München 2012; **47 oben** Eva Zeller: Wer weiß, in: Das unverschämte Glück. Neue Gedichte, Radius Verlag, Stuttgart 2006, **S. 22; 47 unten** Tom Buhrow, in: Dirk von Nayhauss/Maggie Riepl: Ich glaube. Gedanken zu Gott und Religion, Hansisches Druck- und Verlagshaus, 2. Auflage, Frankfurt am Main 2011; **53** Matthias Hülsmann: Wie wir Gott getötet haben?, in: Konfession: Evangelisch. Basiswissen, Gütersloher Verlagshaus, Gütersloh 2009; **54** Ergebnisse der Studie „Religionsmonitor 2013", zitiert nach: http://www.bertelsmann-stiftung.de/cps/rde/xchg/SID-0A6D426E-332B10A7/bst/hs.xsl/85217_85222.htm (Abruf am 13.06.2014); **55** Margaret Fishback Powers: Spuren im Sand. Ein Gedicht, das Millionen bewegt, und seine Geschichte, Brunnen Verlag, Gießen 2011; **66** Wolfgang Huber, zitiert nach: http://www.bibelmobil.de/referenzen/ (Abruf am 13.06.2014); **68 oben** Umfrageergebnisse "Deutsche ab 16 lesen die Bibel", Institut für Demoskopie, Allensbach; **68 unten** Deutsche Bibelgesellschaft, zitiert nach: https://www.dbg.de/navi/themen/schule.html (Abruf am 13.06.2014); **77** Janne Teller: Nichts. Was im Leben wichtig ist, übersetzt von Sigrid Engeler, Carl Hanser Verlag, München 2010; **79** Albert Schweitzer, in: Die Ehrfurcht vor dem Leben. Grundtexte aus fünf Jahrzehnten, C.H.Beck, 10. Auflage, München 2013, **S. 72; 87** Erich Fried: Vorübungen für ein Wunder, in: Liebesgedichte, Wagenbach Verlag, Berlin 1995; **89 links** Luise Schottroff, in: Befreiungserfahrungen. Studien zur Sozialgeschichte des Neuen Testaments, Christian Kaiser Verlag, München 1990; **89 rechts** Wolfgang Huber, in: Kirche. Kreuzverlag, Stuttgart 1979, **S. 65 f.; 91** Nils Mohl, in: Stadtrandritter, rororo, Reinbek 2013; **97** Thomas Weißer (Publikationsname: Thomas Laubach), zitiert nach: http://www.kirchenzeitung.de/content/zwickmuehlen-im-alltaeglichen (Abruf am 13.06.2014); **109** Fiktives Interview mit Oliver Schalk, frei formuliert auf der Grundlage von http://www.jesus.ch/magazin/people/128641-olli_ehemaliger_hooligan_punker_skinhead_und_neonazi.html (Abruf am 13.06.2014); **110 f.** Mirko Walz; **118** Zitiert nach: Adolf M. Ritter (Hg.): Kirchen- und Theologiegeschichte in Quellen, Band I: Alte Kirche, Neukirchener Verlag, 10. Auflage, Neukirchen-Vluyn 2012; **128** Walter Grundmann: Die Entjudung des religiösen Lebens als Aufgabe deutscher Theologie und Kirche. Schriften zur Nationalkirche, Band 11, Verlag Deutsche Christen, Weimar 1939; **129** Positionen der Politiker Steinmeier, Beckstein, Lindner, zitiert nach: http://www.pro-medienmagazin.de/politik/detailansicht/aktuell/steinmeier-kirche-soll-sich-einmischen-81328/ (Abruf am 13.06.2014); **138** Cigdem Akyol: Juden ohne Angst, zitiert nach: http://www.taz.de/1/archiv/digitaz/artikel/?ressort=sw&dig=2012%2F09%2F06%2Fa0144&cHash=7fde9a4a7b1d3de5e66d2d0aebef47c2 (Abruf am 13.06.2014); **137** Auszug aus: Zusammenleben mit Muslimen in Deutschland, herausgegeben vom Kirchenamt der EKD, Herrenhäuser Str. 12, 30419 Hannover, http://www.ekd.de/download/zusammenleben_mit_muslimen_in_deutschland_2000.pdf; **139** Ahmet Altunbas, zitiert nach: http://www.ka-news.de/region/karlsruhe/islam-in-karlsruhe./Diskussion-ueber-Moschee-in-Karlsruhe-Nicht-ob-sondern-wo-und-wie;art6066,1232046 (Abruf am 13.06.2014); **140** EKD: Schatten der Reformation. Der lange Weg zur Toleranz. Magazin der EKD zum Themenjahr „Reformation und Toleranz" 2013, Hannover 2013, **S. 21; 141** Text im Flyer, zitiert nach: http://www.jugendring-bochum.de/pdf/abraham_pokal.pdf (Abruf am 13.06.2014); **148** Dalai Lama, in: Das Buch der Freiheit: Die Autobiographie des Friedensnobelpreisträgers, übersetzt von Günther Cologna, Bastei Lübbe Verlag, Köln 1992; **157 links** Urteil des Bundesarbeitsgerichtes zur Scientology Kirche Hamburg e.V., frei zitiert nach: Anja Gollan: Scientology – Religionsgemeinschaft oder nicht?, Sekten-Info Nordrhein-Westfalen e.V., unter http://sekten-info-nrw.de/index.php?option=com_content&task=view&id=144&Itemid=1 (Abruf am 13.06.2014); **157 oben rechts** Jürgen Fliege, zitiert nach: Transskript von „klipp und klar" – Der politische Bürgertalk, Moderation: Andreas Schneider, rbb, 16.01.2007, 20:15–21:10, unter http://youtu.be/4yumMP0JJo0 (Abruf am 13.06.2014); **157 unten rechts** Wilfried Handl, zitiert nach: Transskript von „klipp und klar" – Der politische Bürgertalk, Moderation: Andreas Schneider, rbb, 16.01.2007, 20:15–21:10, unter http://youtu.be/4yumMP0JJo0 (Abruf am 13.06.2014); **159 links** Andreas Ziemer: Interview mit Pfarrer Steffen Richter; **159 rechts** Salzburger Nachrichten vom 24.09.2010, zitiert nach: http://search.salzburg.com/display/sn2577_25.09.2010_41-27871228; **161** Gottfried Orth, in: KonfirmandInnen: Friedensarbeit mit der Bibel. Impulse und Materialien, Vandenhoeck & Ruprecht, Göttingen 2009, **S. 4.**

Alle Bibelauszüge – soweit nicht anders gekennzeichnet – zitiert nach: Evangelische Kirche in Deutschland (Hg.): Die Bibel, nach der Übersetzung Martin Luthers 1984, Deutsche Bibelgesellschaft, Stuttgart 1999.

Bibelauszüge aus anderen Übersetzungen:

67; 136; 158 Die Bibel, nach der Übersetzung Martin Luthers 1912, Deutsche Bibelgesellschaft, Stuttgart; **64; 65; 132** Neues Testament und Psalmen. Neue Genfer Übersetzung. Genfer Bibelgesellschaft, Romanel-sur-Lausanne und Deutsche Bibelgesellschaft, Stuttgart 2011; **56; 108** Die Bibel. Einheitsübersetzung. Altes und Neues Testament. © 1980 Katholische Bibelanstalt GmbH, Stuttgart.

Liedquellennachweis

14 Glück oder Unglück (Strophe 1-4), Text und Melodie: Gerhard Schöne: Die sieben Gaben © Buschfunk Produktion, Berlin; **16** Glück oder Unglück (Strophe 5), Text und Melodie: Gerhard Schöne: Die sieben Gaben © Buschfunk Produktion, Berlin; **35** Korn, das in die Erde, Text: Jürgen Henkys (1976) 1979 nach dem englischen „Now the green blade rises", © Strube Verlag GmbH, München; Melodie: „Noël nouvelet", Frankreich 15. Jh., in: Evang. Gesangbuch, Lied Nr. 98; **36** Now the green blade rises, Text: John Macleod Campell Crum, 1928; Melodie: „Noël nouvelet", Frankreich 15. Jh.

Bildquellennachweis

Cover.1 Fotolia.com, New York; **Cover.3** Thinkstock, München; **Cover.3** Imago (VIADATA), Berlin; **12** Graffiti des Künstlers Bansky an der israelischen Sperrmauer in Abu Dis; **16** Action Press GmbH (Derek Storm/Everett Collection), Hamburg; **17** Fotolia.com (igor), New York; **20** shutterstock (Dundanim), New York, NY; **22.1** Fotolia.com (iagodina), New York; **22.2** Fotolia.com (Superingo), New York; **22.3** Thinkstock (Digital Vision/Ryan McVay), München; **22.4** Thinkstock (VStock), München; **23.1** Thinkstock (VStock), München; **23.2**; **23.3** Thinkstock (moodboard), München; **23.4** Fotolia.com (Daniel Ernst), New York; **24** Fotolia.com (danr13), New York; **25** Das Fotoarchiv RF (RF), Essen; **26.1** Fotolia.com (Dan Race), New York; **26.2** Fotolia.com (Rido), New York; **26.3** Fotolia.com (switlana_l), New York; **26.4** Fotolia.com (vbaleha), New York; **26.5** Thinkstock (Fuse), München; **26.6** Thinkstock (iStock/Rauluminate), München; **26.7** Thinkstock (iStock/Beornbjorn), München; **26.8** Thinkstock (Stockbyte/Thinkstock), München; **28.Doppelseite** Fotolia.com (bilderstoeckchen), New York; **30** Stiftung Kinderhospiz Mitteldeutschland Nordhausen e.V., Foto: www.guido-werner.com; **31.1** Fotolia.com (Marcin Chodorowski), New York; **31.2** Fotolia.com (igor), New York; **31.3** Picture-Alliance (dpa/Röhnert), Frankfurt; **33** Dietrich-Bonhoeffer-Kirche, Tübingen; **35.1** Landeszentrale für Gesundheitsförderung in Rheinland-Pfalz e.V./Referat Gesundheitsförderung in Lebenswelten/Initiative Organspende RLP; **35.2** Fotolia.com (JPS), New York; **36.1** Ulf Nilsson, Eva Eriksson: Die besten Beerdigungen der Welt, Aus dem Schwedischen von Ole Könnecke, Moritz Verlag, Frankfurt/M; **40** Cuyler Black: Cartoon „Don't be absurd"; **42** Artothek, Weilheim; **44** Plaßmann, Thomas, Essen; **47** akg-images (Erich Lessing), Berlin; **50.Doppelseite** Gebet in der Kirche in Taizé, akg-images (Universal Images), Berlin; **52.1** Picture-Alliance (Godong), Frankfurt; **52.2** Nacht der Lichter im Kircheninnenraum in Taizé, Ateliers et Presses de Taizé (S. Leutenegger), Taizé; **52.3** Fotolia.com (fotocociredef73), New York; **53.1** Aichberger, Michael von, Erlangen; **54.1** Zentralverband des Deutschen Handwerks (ZDH), Berlin; **54.2** Imago (Werek), Berlin; **54.4** Popke, Jörg, ..; **55.1** Wartenberg, Jana, Berlin; **55.2** Leibold, Karl-Heinz, Hattingen; **55.3** Fotolia.com (DOC RABE Media), New York; **56** Profi-Slackliner Reinhard Kleindl beim Wolkenkratzer-Festival in Frankfurt, 25.05.2013, Picture-Alliance (dpa/Boris Roessler), Frankfurt; **57** Popke, Jörg, ..; **58.1** Fotolia.com (ayazad), New York; **58.2** shutterstock (ChameleonsEye), New York, NY; **58.3** shutterstock (Pal Teravagimov), New York, NY; **58.4** shutterstock (Liia Zonova), New York, NY; **58.5** Thinkstock (Hemera Technologies/PhotoObjects.net), München; **58.6** Voller Ernst, Berlin; **59.1** Foto: Maximilian Fritz, Artist: meks; **59.2** ddp images GmbH (interTOPICS/Vivendi Entertainment supplied by Shooting Star/eyevine), Hamburg; **60.Doppelseite** Obamas Eid auf die Bibel, Washington D.C., 21. Januar 2013, Corbis (Ken Cedeno), Düsseldorf; **64** BVS Bayern, Eugen Gebhardt Photography, München; **70.Doppelseite** Michelangelo Merisi da Carvaggio: Der ungläubige Thomas, um 1595/1600, akg-images, Berlin; **72** akg-images (De Agostini Picture Lib.), Berlin; **73** Picture-Alliance (dpa/Oliver Killig), Frankfurt [Künstler: Kurt Reuber, "Stalingradmadonna"]; **74** Fotolia.com (contrastwerkstatt), New York; **76** Scholl, Michael (www.bildhauer-scholl.de), Eltmann/Ortsteil Limbach; **77** photocase.com (Francesca Schellhaas), Berlin; **78** akg-images (MPortfolio/Electa), Berlin; **79** Thinkstock (iStock/my84), München; **80.1** Picture-Alliance (dpa/Oliver Killig), Frankfurt [Künstler: Kurt Reuber, "Stalingradmadonna"]; **80.2** Imago (Jörn Haufe), Berlin; **81** akg-images, Berlin; **82.Doppelseite** Edward Hopper: Nighthawks (Nachtschwärmer), 1942, Corbis (Francis G. Mayer), Düsseldorf; **84** Titusbogen Forum Romanum, Rom (erbaut 81 n. Chr.) akg-images (Bildarchiv Steffens), Berlin; **85** Corbis (REUTERS/Brian Snyder), Düsseldorf; **86.1; 86.2; 86.3** Bridgeman Images, Berlin; **87** FIAN-Deutschland e.V., Köln; **90** akg-images, Berlin [Ausschnitt: Max Slevogt. Der verlorene Sohn]; **91** Silokunnas, Jukka, Jyväskylä; **92.1** shutterstock (KA Photography KEVM111), New York, NY; **92.2** BPK, Kupferstichkabinett, SMB, Berlin © VG Bild-Kunst, Bonn 2014 [Käthe Kollwitz: Unter dem Brückenbogen, 1928]; **93** Corbis (Francis G. Mayer), Düsseldorf; **95.Doppelseite** shutterstock, ArchMan und Tyler Olson, New York; **96** Fotolia.com (Peter Atkins), New York; **97** Mauritius Images (Alamy), Mittenwald; **98** shutterstock (Abzyga), New York, NY; **99** shutterstock (Nomad_Soul), New York, NY; **100** Thinkstock (iStock/Suriyapong Thongsawang), München; **102** Fotolia.com (rdnzl), New York; **103.1** shutterstock, ArchMan und Tyler Olson, New York; **103.2** Imago (Christian Thiel), Berlin; **105.Doppelseite** Imago, Berlin; **106** Picture-Alliance (dpa/Uta Poss), Frankfurt; **107.1** iStockphoto (Paula Connelly), Calgary, Alberta; **107.2** iStockphoto (jophil), Calgary, Alberta; **108** Viereck, Uli, ..; **109** Schalk, Olli, ..; **110.1; 110.2; 110.3** EIRENE Internationaler Christlicher Friedensdienst, Neuwied; **110.4** shutterstock (Olinchuk), New York, NY; **111.1; 111.2** EIRENE Internationaler Christlicher Friedensdienst, Neuwied; **111.4** Stiftung Frauenkirche Dresden, Dresden; **112.1** Popke, Jörg, ..; **112.2** Fotolia.com (Arno Bachert), New York; **113** Imago, Berlin; **114** Stabkirche Borgund, Norwegen, Fotolia.com (bill_17), New York; **115** Auto mit Wohnanhänger an der Autobahnkapelle, A3, Wiesbaden, Picture-Alliance (dpa/Oliver Stratmann), Frankfurt;

117.1 Felipe Guaman Poma de Ayala: Kupferstich zu „Nueva coronica y buen gotierno" um 1613, Interfoto (Sammlung Rauch),

München; **117.2** National Archives of Australia (Thos J McMahon), Canberra Business Centre ACT; **117.3** Brot für die Welt, Berlin; **119.1** akg-images, Berlin; **119.2** © Roman Eisele/Wikimedia Commons/CC BY-SA 3.0; **120.1** Lüken, Jürgen, ..; **120.2** shutterstock (ChameleonsEye), New York, NY; **121** Getty Images (Johannes Simon), München; **122.1** CC-BY-SA-3.0 (James Steakley), siehe *3; **122.2** akg-images (Erich Lessing), Berlin; **122.3** © Weltgebetstag der Frauen - Deutsches Komitee, Stein; **123** Picture-Alliance (dpa/Oliver Stratmann), Frankfurt; **124.Doppelseite** Luther-Statuen in den Farben der deutschen Flagge vor dem Reichstag; **126.1** Imago (VIADATA), Berlin; **126.2** Imago (Rolf Zöllner), Berlin; **126.3** Imago (Stepniak), Berlin; **128** akg-images, Berlin; **131** Ateliers et Presses de Taizé (S. Leutenegger), Taizé; ; **134** Sarajewo, Alamy Images (Petr Bonek), Abingdon, Oxon; **135** Arbeitsgemeinschaft Christlicher Kirchen in Deutschland: Schriftzug „Weißt du, wer ich bin“) mit religiösen Symbolen; **137** akg-images (Erich Lessing), Berlin; **139** Picture-Alliance (dpa), Frankfurt; **141.1** Kinder- und Jugendring Bochum e.V., Bochum; **141.2** WAZ FotoPool/Gero Helm; **142.1** Arbeitsgem. Christlicher Kirchen in Deutschland, Frankfurt am Main; **143** Alamy Images (Petr Bonek), Abingdon, Oxon; **144** Fotolia.com (Malgorzata Kistryn), New York; **145** Steinbuddha, Sukhothai historical park, Thailand, Thinkstock (Top Photo Group), München; **146** Getty Images, München; **147** Thinkstock (Photos.com), München; **148** shutterstock (vipflash), New York, NY; **150** Picture-Alliance (dpa/Caroline Seidel), Frankfurt; **151** laif (Gunter Gluecklich), Köln; **152** shutterstock (AJP), New York, NY; **153** Thinkstock (Top Photo Group), München; **154.Doppelseite** Buß, Hermann, Eiszeit: Fest im Fahrwasser, Norden; **156.1** CC-BY-SA-3.0 (Padraic Ryan), siehe *3; **156.2** Thinkstock (michaeljung), München; **157** shutterstock (360b), New York, NY; **158.1** f1 online digitale Bildagentur, Frankfurt; **158.2** CC-BY-SA-3.0 (Rh-67), siehe *3; **159** shutterstock (peresanz), New York, NY; **160** BPK (Staatsbibliothek zu Berlin/Dietmar Katz), Berlin; **161** Fotolia.com (donyanedomam), New York; **162.1** Thinkstock (Hemera/Konstantin Yolshin), München; **162.2** Folio from Jâmi al-Siyar by Mohammad Tahir Suhravardî, illustrating the meeting of Mavlana and Molla Shams al-Din in Konya, end of 16th/beginning of 17th century, gemeinfrei; **163** Buß, Hermann, Norden; **165** Walter Habdank, "Jona im Fischleib", Farbholzschnitt, 1972 © Galerie Habdank, © VG Bild-Kunst, Bonn 2014; **166.1; 166.2** Popke, Jörg, ..; **168** Picture-Alliance (dpa/Oliver Killig), Frankfurt [Künstler: Kurt Reuber, "Stalingradmadonna"]; **170** Popke, Jörg, ..; **182.1; 182.2** Klett-Archiv, Stuttgart; **185** akg-images, Berlin, © VG Bild-Kunst, Bonn 2014 [Marc Chagall: Ich und das Dorf]

***3 Lizenzbestimmungen zu CC-BY-SA-3.0 siehe: http://creativecommons.org/licenses/by-sa/3.0/de/**

Sollte es in einem Einzelfall nicht gelungen sein, den korrekten Rechteinhaber ausfindig zu machen, so werden berechtigte Ansprüche selbstverständlich im Rahmen der üblichen Regelungen abgegolten.

Hinweise zum Bearbeiten der Aufgaben

In allen Aufgaben in diesem Buch findest du Verben. Sie zeigen dir, was du tun musst, um eine Aufgabe gut zu bearbeiten.

Verb	Was musst du tun?
(auf)zeigen	Du gibst die Hauptaussage eines Textes mit eigenen Worten wieder.
auswählen	Du suchst etwas aus verschiedenen Angeboten aus.
auswerten	Du ziehst Ergebnisse aus einem Text.
begründen	Du führst Argumente für etwas an.
(be)nennen	Du trägst bestimmte Begriffe zusammen.
beschreiben	Du kannst Textaussagen und Sachverhalte in eigenen Worten ohne Wertung strukturiert kenntlich machen.
beurteilen	Du beschreibst, wie weit etwas den Vorgaben oder deinen eigenen Vorstellungen entspricht.
in Beziehung setzen	Du stellst Zusammenhänge her.
darstellen	Du kannst größere Zusammenhänge und übergeordnete Sachverhalte strukturiert und richtig formulieren.
deuten	Du überlegst, welche Aussage jemand mit seinem Text oder Bild machen wollte, und gibst sie mit eigenen Worten wieder.
diskutieren	Ihr tauscht Argumente in einer Gruppe aus.
entwickeln	Du äußerst zu einem Thema eigene Gedanken und begründest sie.
ergänzen	Du findest weitere Ideen.
erklären	Du kannst Sachverhalte und Textaussagen auf der Grundlage deiner Kenntnisse und Einsichten verständlich machen.
erläutern	Du beschreibst eine Sache und verdeutlichst sie zusätzlich mit Beispielen.
erörtern	Du formulierst durch Abwägen von Pro- und Kontra-Argumenten eine begründete Position.
formulieren	Du gibst den Gedankengang eines Textes oder eine neue Position mit eigenen Worten wieder.
gestalten	Du kannst Texte kreativ und produktiv erschließen.
herausarbeiten	Du erkennst einen Sachverhalt und stellst ihn dar.
informieren	Du suchst Informationen zu einem Thema aus dem Internet, einem Lexikon, oder einer Zeitung heraus.
kommentieren	Du äußerst deine Meinung zu einem Text.
präsentieren	Du stellst den anderen ein Ergebnis vor, z. B. als Vortrag, Powerpoint-Präsentation, Plakat …
recherchieren	Du suchst Informationen zu einem Thema aus unterschiedlichen Quellen heraus (z. B. Internet, Lexikon, Zeitung, Befragung …).
reflektieren	Du hinterfragst eine Aussage kritisch aus unterschiedlichen Perspektiven anhand selbst entwickelter Kriterien.
schildern	Du kannst Sachverhalte, Probleme oder Aussagen erkennen und formulieren.
(über)prüfen	Du kontrollierst, ob Aussagen zutreffen.
unterscheiden	Du benennst Unterschiede.
vergleichen	Du setzt Dinge in Beziehung zueinander und erkennst, was gleich, ähnlich oder unterschiedlich ist.
wiedergeben	Du drückst den Inhalt eines Textes mit eigenen Worten aus.
zuordnen	Du stellst einen Sachverhalt in einen Zusammenhang.
zusammenfassen	Du schreibst das Wichtigste heraus oder gibst es mündlich wieder.
Zusammenhang herstellen	Du stellst Zusammenhänge her.